愛知県公立高等学校

令和六年学力検査
全日制課程

第一時限問題　国語

検査時間　九時十分から九時五十五分まで

「解答始め」という指示があるまで、次の注意をよく読みなさい。

注意

(一) 解答用紙は、この問題用紙とは別になっています。

(二) 「解答始め」という指示で、すぐこの表紙に受検番号を書きなさい。続いて、解答用紙に氏名と受検番号を書き、受検番号についてはマーク欄も塗りつぶしなさい。

(三) 問題は(1)ページから(9)ページまであります。(9)ページの次からは白紙になっています。受検番号を記入したあと、問題の各ページを確かめ、不備のある場合は手をあげて申し出なさい。

(四) 答えは全て解答用紙のマーク欄を塗りつぶしなさい。

(五) 印刷の文字が不鮮明なときは、手をあげて質問してもよろしい。

(六) 「解答やめ」という指示で、解答することをやめ、解答用紙と問題用紙を別々にして机の上に置きなさい。

受検番号	第　　　番

国語

一　次の文章を読んで、あとの(一)から(六)までの問いに答えなさい。

1　科学とは何だろう？　それは、単に確実な知識のことではない。仮説と検証によって確かめられた法則性によって世界を理解することが、科学という知の特徴である。古典力学も、相対性理論も、進化論も、遺伝子理論も、物の運動や生物の多様性、形質の遺伝などの観察可能な事実や出来事を説明するために、論理整合的に――ようするに筋道立てて――作られた仮説、つまり仮の説明である。こうした仮説は、それらと合致する事実があり、そしてそれらを否定する事実が見いだされないかぎりで、さしあたり真なる理論として認められる。科学的な理論はこうした実証性――それを支持する事実があること――と反証可能性――その真偽が実験や観察によって証明されること――をもたなくてはならないとされる。①こうした手続きによって科学、とりわけ自然科学は確実な知識としての明証性をもつものとされるのだ。

2　だがしかし、そうであるとすれば、ようするに科学とは「すべてを知ることができる知」なのではなく、「実証的な手続きによって知りうるものだけを知る」ような知なのだということになる。科学的な知は、実証的な手続きによって真であるととりあえず認められる仮説以外は、「（まだ）わからない」として判断を保留しなくてはならない。そしてまた、どんな理論も仮説である以上、つねに「とりあえず」で「今のところ」のものにすぎず、それに反する事実によっていつ否定されないともかぎらない。科学的な知は〔　A　〕真理などけっして指し示さない。それが提示するのは、いつ否定されてもかまわない〔　B　〕真理なのだ。（中略）

3　ところで、科学的であることと合理的であることとは、いつも一致するわけではない。科学的であるとは、世界に対する知識や探求、働きかけが、科学を特徴づける実証性や反証可能性にもとづくようになるということだ。それに対して②合理的であることは、必ずしも科学的である必要はない。現代の日本語では合理的という言葉や合理化という言葉は、「効率的」や「効率化」という言葉とほぼ同じ意味で使われることが多い。だが合理的という言葉には、もっと広範かつ複雑なニュアンスがある。合理的であるとは、文字どおりには「理に合っている」ということだ。だが、「理」と言ってもいろいろある。与えられた目的に対して最小のコストで最大の効果を上げることが理にかなっていると考える人もいれば、たとえ効率は悪くても道徳的な正しさや論理性といった価値観に即した行為や状態を選択することが理にかなっていると考える人もいる。

4　たとえばスポーツの試合で、対戦相手がどこかをけがしているとしよう。競技に際しての目標は勝利することだ。そして、より確実に勝利するためには、競技のルールに違反しないかぎりで相手の負傷を利用し、ときにそれを痛めつけるような攻撃を仕掛けることが理にかなっていよう。だがしかし、そのように相手の弱みを利用することはルール違反でなくともフェアではないと考えるならば、それは理にかなってはいないという判断もありうる。この場合には、相手の弱みを攻めないこと、ときにはそれによって自ら敗北してしまうことが、合理的であるということになる。このように、ある行為や状態が合理的であるかどうかは、どのような理を規準とするかで違ってくる。合理的な行為や状態とは、ある理の規準に関して適切な行為や状態が選ばれていることが、行為者にもそれを観察する人びとにも納得できるということなのだ。（中略）

5　現代の社会で合理的とか合理化と呼ばれているのは、主として科学的な知識やその応用である科学技術によって、ある目的に対する最も効率的な手段や方法を選択するような合理性とその追求である。〈1〉現代の技術文明は、こうしたさまざまな合理性の中で、科学的な知識にもとづく合理性を追求し、それを社会の中で応用することによって発展してきた。企業の経営、職場の管理、商品の開発などでも、科学的な合理性と効率の追求は最も大きな規準の一つである。新しい科学技術を応用した商品は性能を向上させ、最新の技術や知識を利用した生産体制や業務システムは効率を高め、コストの削減を可能にし、利潤の増大をもたらすのだ。日常の暮らしの中にも、科学化と合理化はさまざまな形で入り込んでいる。〈2〉さまざまな電気製品やガス製品は、炊事、洗濯、掃除などの家事の合理化を進めてきた。住宅の間取りやキッチンのレイアウト、家庭電気製品や家事用品のデザインでは、最新の人間工学が応用され、無駄なく機能的な生活が設計される。どこかに行きたいと思えば、インターネットの路線検索等で、最も速いルートや最も安価なルートを調べ、そこから最も合理的な経路を選ぶこともできる。

[6] 〈3〉だがしかし、そうした科学化され、合理化された生活を営む個々人は、いわゆる専門家も含めて、特定領域の科学的成果を自らの手で検討したり、判断したりすることなどできない。もちろん私たちは、算数、数学、理科などの学習を通じて世界に対する科学的な理解の基礎を学んだことになっており、高度な科学技術もそうした基礎の延長線上にあるらしいということを知っているけれども、では具体的にそれらがどのような延長線の上にあるのかを説明することはできないことのほうが多いだろう。この机の上のパソコンが、台所のあの電子レンジが、なぜ、どのようにして動くのかを私は知らないが、それらを使えばある目的を容易に達成できるということは知っている。科学技術の高度化によって社会の合理性を高めるためには、その研究と応用を特定の専門家や機関にゆだねることが合理的であり、それゆえ個々の人びとはそうした専門化した科学や技術を理解できないことを甘受するのが合理的なのだ。〈4〉私たちは、特定の分野を担当する専門家集団や、彼らが設計・運営する技術やシステムの科学性と合理性を、理解はしていないけれども信じているのだ。科学技術文明を生きる個々の人びとにとっての合理性とは、そうした専門家集団や彼らの設計・運営する技術やシステムを信頼することが理にかなっているという合理性である。

[7] 科学技術の発展と社会への応用、浸透は、便利だが理解できない領域を増大させる。通常の暮らしの中で、私たちはこの「わからなさ」の領域に目を向けることは普通ない。だが、いったんそこに目を向けるなら、現代の社会が個々の人びとにとっては見通すことのできない不透明さをもった科学と技術の上に立っていることがわかるだろう。世界を透明で合理的なまなざしの下に理解し、操作することを可能にしてきた科学と技術は、専門家ではない個々人にとっては不透明だけれども役に立つ、まるで魔術のような領域を広げていったのである。こうした不透明さの中で、そもそもは仮説、つまり仮の説明にすぎず、実証的な手続きによって確認できないことについては「わからなさ」を甘受しなくてはならない科学とその応用である技術が、来るべき将来にはいずれすべてを説明し、解決することができる究極の真理であるかのように受けとられたり、語られたりすることになる。

（若林《わかばやし》幹夫《みきお》『社会学入門一歩前』による）

（注） ○ [1]～[7]は段落符号である。
○ 古典力学・相対性理論＝いずれも科学の理論。
○ 形質＝生物の形態的な要素や特徴。
○ 明証性＝明らかであること。
○ 規準＝規範や標準とするもの。

(一) ①こうした手続き の説明として最も適当なものを、次の**ア**から**エ**までの中から選びなさい。

ア ある仮説と合致する事実が存在する一方で、その仮説を否定する事実は存在しないことが実験や観察によって明らかになること

イ ある仮説が確実に正しいことを、実験や観察によってすでに証明されている理論と矛盾しないように説明すること

ウ ある仮説の真偽を実験や観察によって確かめ、その仮説と合致する事実が否定する事実よりも多いことを確認すること

エ ある仮説を支持する事実が実験や観察によって見いだされるだけでなく、世界中の科学者によって支持されるようになること

(二) 〔Ａ〕、〔Ｂ〕にあてはまることばの組み合わせとして最も適当なものを、次の**ア**から**エ**までの中から選びなさい。

ア 〔Ａ〕実証可能な　〔Ｂ〕不確実な

イ 〔Ａ〕不確かな　〔Ｂ〕確実な

ウ 〔Ａ〕究極の　〔Ｂ〕さしあたりの

エ 〔Ａ〕相対的な　〔Ｂ〕絶対的な

(三) ②合理的であることは、必ずしも科学的である必要はない とあるが、筆者がこのように述べる理由として最も適当なものを、次の**ア**から**エ**までの中から選びなさい。

ア 合理的であるとは行為や状態が公平であることであり、実証性や反証可能性に基づく科学的な知識がなくても、公平であるかどうかの判断は道徳的に可能であるから。

イ 合理的であるとは理にかなっていることであるが、科学以外にもさまざまな理が存在しており、どの理に従ったとしてもそれぞれに合理的であると言えるから。

ウ 合理的であるとは理に合うという意味であり、科学的には正しくない知識に基づいていたとしても、大多数の人々にとって納得できるものであればよいから。

エ 合理的であるとは効率的であるという意味でもあるため、科学の実証的な手続きによらず、最小のコストで最大の効果を上げている場合も合理的であると言えるから。

(四) 次の一文が本文から抜いてある。この一文が入る最も適当な箇所を、あとの**ア**から**エ**までの中から選びなさい。

> このとき、私たちは科学とその合理性を自らの判断において信じているのではない。

ア 本文中の〈１〉　**イ** 本文中の〈２〉

ウ 本文中の〈３〉　**エ** 本文中の〈４〉

(五) 次に示す会話は、この文章を読んだ生徒六人が意見交換をしたものであるが、会話文の順序が入れ替えてある。筋道がとおる会話文とするために**ア**から**カ**までを並べ替えるとき、二番目、四番目、六番目にくるものをそれぞれ選びなさい。

ア（Ａさん）　現代の科学技術文明においては、そのように専門的な科学や技術の内容が理解できないことを個々の人々が甘受し、科学や技術の研究と応用は専門家集団にゆだねることで、社会の合理性が高められてきたと筆者は述べています。

イ（Ｂさん）　そのような、便利だが理解できない不透明な領域の増大とともに、科学技術がやがて何でも解決してくれるという過剰な期待を人々が抱くようになる危険性を筆者は指摘しています。

ウ（Cさん）　私たちは、科学技術のおかげで便利で快適な生活を送ることができていますが、筆者が述べているように、電気製品をはじめ、コンピュータや自動車などの身近な機械がどのようなしくみで動いているかはよく分かりません。改めて考えてみると、ちょっと怖い気もします。

エ（Dさん）　要するに、科学的な知というのは、実証的な手続きによってとりあえず真であると認められた仮説にすぎないということを自覚することが、合理的な態度であると言えそうです。

オ（Eさん）　確かに、科学技術の中身を自分では理解しないまま信じることは、便利さや効率性を簡単に手に入れられる点では合理的ですが、その合理性は本来科学がもっている合理性とは違い、不透明さをもったものです。

カ（Fさん）　しかし、その場合の合理性は、仮説と検証を通じて確かめられる法則性によって世界を理解しようとする科学の合理性とは、根本的に異なっているように思います。

（六）　この文章の論の進め方の特徴として適当なものを、次の**ア**から**カ**までの中から二つ選びなさい。ただし、マーク欄は一行につき一つだけ塗りつぶすこと。

ア　対立する二つの考えを示してそれぞれの考えがもつ欠点を明らかにし、いずれとも異なる独自の主張を展開している。

イ　複数の具体例について説明し、それらの共通点を取り出して自分の主張につなげている。

ウ　中心となる問題を提起したのち、個人的な体験談をくわしく紹介しながら問題の本質に迫っている。

エ　自分の主張を述べたのち、具体例を交えながら自説に対するくわしい説明を行っている。

オ　問いを立ててそれに対する答えを述べ、さらに想定される反論に答えることを繰り返している。

カ　自分の主張を述べる直前に逆接の接続詞を置くなど、接続詞を効果的に用いている。

二　次の㈠から㈢までの問いに答えなさい。

（一）　次の文中の傍線部①、②に用いる漢字として正しいものを、それぞれあとの**ア**から**エ**までの中から一つ選びなさい。

指導力を発揮して事態を①シュウ②シュウする。

①　**ア**　秀　**イ**　修　**ウ**　収　**エ**　衆

②　**ア**　愁　**イ**　拾　**ウ**　集　**エ**　蹴

（二）　次の文中の傍線部と同じ意味で用いられている漢字として正しいものを、あとの**ア**から**エ**までの中から一つ選びなさい。

彼は著しい成長を遂げている。

ア　著者　**イ**　名著　**ウ**　著述　**エ**　顕著

（三）　次の文中の〔　A　〕にあてはまる最も適当なことばを、あとの**ア**から**エ**までの中から選びなさい。

彼は何が起こっても泰然〔　A　〕としている。

ア　篤実　**イ**　虚心　**ウ**　自若　**エ**　余裕

三　次の文章を読んで、あとの㈠から㈤までの問いに答えなさい。

〔本文にいたるまでのあらすじ〕

茨城県立砂浦第三高校二年生の亜紗《あさ》と凛久《りく》、三年生の晴菜《はるな》が所属する天文部では、望遠鏡の製作に取り組んでいる。部品を発注した会社（ＳＨＩＮＯＳＥ）を三人で訪問した帰りの電車の中で、亜紗と晴菜は凛久から十二月末に転校することを伝えられた。亜紗と晴菜は学校に寄り、部顧問の綿引《わたびき》先生のもとを訪れた。

〔本文〕

1　「そうか。ようやくみんなに言ったか、凛久は」凛久の転校や家庭の事情を、綿引先生は知っていた。それを知って、亜紗の体に入っていた力がするすると抜けていく。自分は話してもらえなかった、相談してもらえなかった、という思いは依然として強くある。だけど、その時亜紗が抱いた感情には、わずかに安堵《あんど》が混じっていた。よかった、と思う。凛久、綿引先生には話せていたんだ。

2　「先生、教えてください」「何、晴菜」「凛久くんのお姉さんは車椅子を使っているんですか」その言葉に――はっとする。車椅子、ナスミス式望遠鏡。凛久が見つけたという海外の老人ホームの観測会の記事と、それを作りたいから綿引先生のいるこの学校に来たという入学動機。晴菜先輩が続ける。「下半身にまひがあると聞いたので、ひょっとしたら、と思って」「うん。凛久がナスミス式望遠鏡を作りたい理由には、それもあったみたいだね」綿引先生がゆっくりと椅子から立ち上がる。自分たちを――とりわけ、亜紗をまっすぐ見つめて、続ける。「凛久のお姉さんには、ぼくも一度、実は挨拶したことがあるんだよ。去年、花井《はない》さんの講演会に行った時に、車椅子専用スペースに、凛久とお姉さんがいるのを見かけて、ちょっとだけ、挨拶した」

3　そうだったんだ、と思う。凛久のお姉さんの話を、一度だけ、そういえば亜紗も聞いたことがあった。去年、まだいろんなイベントができた頃、宇宙飛行士の花井うみかさんの講演会があった際、凛久は亜紗たちと一緒に行かず、お姉さんと行った。お姉さんも星や宇宙が好きで、本当はお母さんと行く予定だったけれど、お母さんの都合が悪くなったので、凛久が一緒に行ったのだと。だけど、亜紗は凛久の姿を見つけられなかったし、あの日、会場に車椅子の人たち向けのスペースがあったことも、まったく気づいていなかった。さっき車内で聞いたばかりの、凛久の声を思い出す。――ナスミス式望遠鏡が無事に完成したら、その観測会に、うちの姉ちゃん、呼んでもいいですか？　綿引先生にも、前から、それ、相談してて。

4　「……悔しい」亜紗の口から、声がもれた。凛久、あいつ――、と思う。本人を前にしたら、次もまた、言えないかもしれない。だけど、今の正直な気持ちが止まらなくなる。「なんで、何も言ってくれなかったんだろう。悔しい。悔しいし、すごく……」亜紗は、気づけなかった。凛久が何も言えなくて当然だ、と思う。亜紗ちゃん、と晴菜先輩が呼んで、こちらを見ている気配がする。これ以上話すと涙が出てきそうで、そんなの、嫌だ、と強く思った。悔しいし、情けないけど、泣くなんて、そんなの、凛久にもきっと失礼だ。「凛久はあいつ、ためこむタイプだからなぁ。亜紗、ごめんな」先生が謝る必要なんてないはずなのにそう言われると、いよいよ気持ちのやり場がなくなって①亜紗はぶんぶんと首を振った。

5　「ナスミス式望遠鏡のフレームはどうだった？　野呂《のろ》さんにも会ってきたんだろ」綿引先生が二人に尋ねる。話題を変えたわけじゃなくて、きっと凛久の件の延長だ。こくんとうなずく亜紗の横から、晴菜先輩が補足する。「フレーム、微調整は必要ですけど、すごくきれいで、やっ

四 次の漢文（書き下し文）を読んで、あとの㈠から㈣までの問いに答えなさい。（本文の - - - - - の左側は現代語訳です。）

太宗《たいそう》、侍臣に謂《い》ひて（そばに控える家臣に言うことには）曰《い》はく、「古人云《い》ふ、『鳥、林に棲《す》むも、猶《な》ほ（それでもなお）其《そ》の高からざらんことを恐れ、復《ま》た（さらに高い木の枝）木末に巣くふ。魚、泉に蔵《かく》るるも、猶ほ其の深からざらんことを恐れ、復た其の下に窟穴す（水中の洞穴に住んでいる）。然《しか》れども（それにもかかわらず）人の獲《う》る所と為《な》る者は、皆、餌を貪るに由《よ》るが故なり。』と。今、人臣、任を受けて、高位に居《を》り、厚禄《こうろく》を食《は》む（多額の報酬を得ている）。①当《まさ》に須《すべから》く忠正を履《ふ》み、公清を踏むべし。則《すなは》ち（そうすれば）災害無く、長く富貴を守らん。古人云ふ、②『禍福は門無し、惟《た》だ人の召《まね》く所のみ。』と。然らば（だから）其の身を陥《おとし》いるる者は、皆、財利を貪冒《たんぼう》するが為《た》めなり。③夫《か》の魚鳥と、何を以《もつ》て異ならんや。卿等《けいら》（お前たち）、宜《よろ》しく此《こ》の語を思ひ、用《もつ》て鑑誡《かんかい》（戒め）と為《な》すべし。」と。

（『貞観政要《じょうがんせいよう》』による）

（注）　○　太宗《たいそう》＝唐の第二代皇帝の李世民《りせいみん》のこと。

㈠ ①当《まさ》に須《すべから》く忠正を履《ふ》み、公清を踏むべし　とあるが、このことばによって太宗が言いたいこととして最も適当なものを、次の**ア**から**エ**までの中から選びなさい。

ア　主君と家臣の信頼関係を大切にし、社会の安定を図るべきである。
イ　人民のために働くべきであり、高位高官を目指すべきではない。
ウ　国が豊かになるには、役人が清貧の生活に甘んじる必要がある。
エ　まじめで正しい行いをし、清廉潔白な生き方でなければならない。

㈡ ②禍福は門無し、惟《た》だ人の召《まね》く所のみ　の説明として最も適当なものを、次の**ア**から**エ**までの中から選びなさい。

ア　家臣がどれだけ幸せであるかは、仕える主君によるということ
イ　幸せになるか不幸になるかは、その人の行動しだいということ
ウ　幸せな人生を送れるかどうかは、家柄とは関係がないということ
エ　安易に人の誘いに乗ることは、不幸を招く原因になるということ

㈢ ③夫《か》の魚鳥と、何を以《もつ》て異ならんや　とあるが、このように述べる理由として最も適当なものを、次の**ア**から**エ**までの中から選びなさい。

ア　動物の世界と同じように人間の世界も弱肉強食であるから。
イ　自分が欲するものへの執着によって身を滅ぼしているから。
ウ　どれだけ努力をしても自分より強い者には逆らえないから。
エ　慎重になりすぎると獲物を逃してしまうことになるから。

㈣ 次の**ア**から**エ**までの中から、その内容がこの文章に書かれていることと一致するものを一つ選びなさい。

ア　太宗は鳥と魚を対比させながら家臣としてのあるべき姿を説いた。
イ　太宗は自然界の道理を例にとって家臣に理想の主従関係を示した。
ウ　太宗はたとえ話を用いて家臣に長く富や地位を守る方法を語った。
エ　太宗は家臣との結束を強めるために昔の失敗談を語って聞かせた。

（問題はこれで終わりです。）

(四) 次の**ア**から**オ**は、この文章を読んだ生徒五人が、意見を述べ合ったものである。その内容が本文に書かれていないことを含むものを二つ選びなさい。ただし、マーク欄は一行につき一つだけ塗りつぶすこと。

ア（Aさん） 綿引先生には、それとなく生徒たちのことを気遣い、見守っているような優しさと思いやりがあります。だからこそ、部員たちが先生に本心をぶつけることができるのだと思います。

イ（Bさん） 凜久は、綿引先生には転校や家庭の事情といった個人的なことを打ち明け、相談することができていたようです。綿引先生も、姉に対する凜久の思いを理解した上で、部活動の指導をしているのだと思います。

ウ（Cさん） 晴菜先輩には、自分の思いを遠慮せずにはっきりと伝えられる強さがあるように思います。でも、凜久が転校することを聞いて動揺し混乱している亜紗の気持ちには、気付くことができていないようです。

エ（Dさん） 亜紗は、後輩たちが先生に頼らずに自分たちで考え、県外の仲間と協力してナスミス式望遠鏡のお披露目会を開こうとしていることを聞いて、自分が気付いていなかったたくましさを感じているようです。

オ（Eさん） 深野と広瀬は、とてもいいコンビだと思います。スターキャッチコンテストの望遠鏡作りを完全に一年生に任せ、上級生は手を出さなかったことで、チームワークと自立心が養われたのだと思います。

(五) この文章の表現の特徴として適当なものを、次の**ア**から**オ**までの中から二つ選びなさい。ただし、マーク欄は一行につき一つだけ塗りつぶすこと。

ア 会話文に加えて地の文によっても亜紗の内面が細かく描写され、凜久の転校を聞いた後の亜紗の動揺がありありと書かれている。

イ 回想場面を挿入して過去の出来事を描写することにより、人間の心理が時間の流れの中で変化することが示されている。

ウ 各登場人物が凜久との思い出を語ることで、凜久のために何かをしたいという思いが次第に形になっていく様子が描かれている。

エ 亜紗、晴菜、先生が会話をする場面では「――」や「……」を多用することで、三人のもどかしい気持ちが表現されている。

オ 昼休みの教室の場面は一年生の深野と広瀬が会話をリードする形で進み、二人の息がよく合っている様子が描かれている。

（注）○ 1 ～ 8 は段落符号である。
○ 安堵《あんど》＝安心すること。
○ ナスミス式望遠鏡＝十九世紀にイギリスのジェームス・ナスミスが発明した天体望遠鏡。どの方向を観測しても、観測者が目の高さを変えずにのぞき込むことができる特徴があり、車椅子に乗ったまま使用できる。
○ 野呂《のろ》さん＝ＳＨＩＮＯＳＥの社員。
○ スターキャッチ＝スターキャッチコンテスト。夏休みに亜紗たちが主催して行った、自作の天体望遠鏡で星を捉えることを競う大会。長崎県の五島列島の高校生チームと東京都渋谷区のひばり森中学校のチームなどがオンラインで参加した。

（一） ①亜紗はぶんぶんと首を振った とあるが、このときの亜紗の心情として適当なものを、次の**ア**から**オ**までの中から三つ選びなさい。ただし、マーク欄は一行につき一つだけ塗りつぶすこと。

ア 転校することについて凛久が自分に相談してくれなかったことを、悔しく思っている。

イ 凛久が家族の事情を話せないのは当然だと思いながらも、うそをつかれたことに傷ついている。

ウ 凛久との関係の悪化を晴菜先輩や綿引先生から心配されていることに、堪えられなくなっている。

エ 凛久が抱えている事情に気付けなかった鈍感な自分に対し、情けなく思っている。

オ 自分の感情を制御できなくなっているところに慰めの言葉をかけられ、一層感情が高ぶっている。

（二） 第六段落における亜紗の心情の説明として最も適当なものを、次の**ア**から**エ**までの中から選びなさい。

ア 後輩が教室まで訪ねてくることは初めてだったので驚いたが、他の部員に聞かれたくない相談なのかもしれないと思い、二人の話を一言も聞き漏らすまいと緊張しながら聞いている。

イ 晴菜先輩が卒業したあとの天文部の活動に不安を抱いていたが、県外の仲間が今後の活動に協力してくれそうだと後輩たちから聞き、ほっとしている。

ウ 初めは後輩たちの来訪の意図が分からなかったが、年内にもう一度スターキャッチコンテストのようなことができないかを一年生だけで県外の仲間と相談していたと知り、驚いている。

エ 凛久が年末に転校することを知ってからは教室でも塞ぎ込んでいたが、後輩たちが自分を励ますために訪ねてきてくれたので、努めて明るくふるまおうとしている。

（三） 〔 ② 〕にあてはまる最も適当なことばを、次の**ア**から**エ**までの中から選びなさい。

ア 口をつぐむ　　**イ** 息をのむ

ウ 耳をそばだてる　　**エ** 目を覆う

ぱりＳＨＩＮＯＳＥさんにお願いできてよかったです。これで、たぶん間に合う」「そうか、よかった」間に合う、よかった、という言葉が、これまでは晴菜先輩の卒業を指していたけれど、今は違う。綿引先生が言った。「あとは、ここからまたコロナの状況がひどくならないといいけど。観測会、無事にできたら、凛久にも思い出になる」思い出、という言葉を聞いて、強烈に湧き起こる感覚があった。思い出は――確かにそうかもしれない。だけど、まだそんなふうになってほしくなかった。亜紗は、ここにいるのに。ここに全部残していってしまうような言い方、やめてほしい。「先生」「うん?」動揺と混乱と、激しいショックの中で、亜紗は聞いてしまう。答えを知りたくて。「凛久のために、私たち、何ができますか?」(中略)

6 昼休み、会話自粛がすっかり定着した食事を終えた時間帯、亜紗の教室に天文部の一年生たちが訪ねてきた。背の高い深野《ふかの》と、小柄な広瀬《ひろせ》のコンビが教室の入り口に立ち、こちらに向けて手を振っているのが見えた時、亜紗は驚いた。後輩が訪ねてくるなんて、他の部の子同士では見たことがある光景だけど、自分には縁のないことだと思っていたからだ。急いで廊下に出ていくと、二人がぺこりと頭を下げた。「亜紗先輩、すみません」「今、大丈夫でしたか?」「うん。どうしたの? 何かあった?」「私たち、亜紗先輩に相談があって」話なら部活の時でもいいのに――と思っていると、思いがけず、二人の目が気遣うように自分を見ていた。広瀬が言う。「私たち――、年内にもう一度、スターキャッチみたいなことできないかなって、実は、相談してたんです。五島《ごとう》チームとか、渋谷《しぶや》の中学生たちに」「えっ……!」思わず亜紗の口から声が出る。二人の顔をまじまじと見てしまう。

7 「どうやって? ひょっとして綿引先生に頼んだり――」「あ、違います違います。私たち、コンテストの準備してる合間にいろいろ話しながら連絡先交換してて。私は、五島の円華《まどか》さんと。私も中学まで吹奏楽やってたから、なんか仲良くなれそうだなって」「私は、ひばり森中の天音《あまね》ちゃんとショートメッセージつながってます。好きなアニメの推しがかぶってたんで」いつの間に――と絶句する。スターキャッチコンテストの望遠鏡作りは、亜紗たち上級生はあくまでお手伝いで、確かに一年生が中心だった。二人が作業している横でナスミス式望遠鏡の製作に集中している時間帯も確かにあったけれど――一年生の二人を前に、亜紗は、ああ――と思う。最初からこの子たちに相談すればよかったのか。一年生たちのたくましさがあまりにまぶしい。〔　②　〕亜紗の前で、深野の方が、「あ、で、ですね」と平然と続けた。「また、一緒に何かできたらいいねって気持ちは、みんなもあるみたいです。来年またスターキャッチコンテストができればいいって話にもなってたんですけど、五島チームとか、今年で卒業の人たちも多いし、来年の夏はもうみんなバラバラだから、やるなら受験が落ち着いた三月とかなのかなって話してて」

8 そこで、深野と広瀬が顔を見合わせる。二人で話した後なのだろう。小さくうなずき合った後で、深野が続けた。「だから、私たちも話したんです。凛久先輩が年内で転校しちゃうこと。現地に来るのは無理かもしれないけど、ナスミス式望遠鏡ができたら、そのお披露目にはみんなのこともオンラインで招待したいって。そしたら――」「ひばり森の天音ちゃんから、スターキャッチや観測会もいいけど、年内なら、一緒にできるか検討してほしいことがあるから、今度またオンライン会議をしませんかって誘われたんです。また、全チームで」目を見開いた。わかったからだ。この子たちも、亜紗と同じ気持ちだったのだと。

(辻村《つじむら》深月《みづき》『この夏の星を見る』KADOKAWAによる)

令和６年学力検査

全　日　制　課　程

第２時限問題

数　　学

検査時間　10時20分から11時05分まで

「解答始め」という指示があるまで、次の注意をよく読みなさい。

注　　意

(1) 解答用紙は、この問題用紙とは別になっています。

(2) 「解答始め」という指示で、すぐこの表紙に受検番号を書きなさい。続いて、解答用紙に氏名と受検番号を書き、受検番号についてはマーク欄も塗りつぶしなさい。

(3) 問題は(1)ページから(5)ページまであります。(5)ページの次は白紙になっています。受検番号を記入したあと、問題の各ページを確かめ、不備のある場合は手をあげて申し出なさい。

(4) 余白や白紙のページは、計算などに使ってもよろしい。

(5) 答えは全て解答用紙のマーク欄を塗りつぶしなさい。

(6) 印刷の文字が不鮮明なときは、手をあげて質問してもよろしい。

(7) 「解答やめ」という指示で、解答することをやめ、解答用紙と問題用紙を別々にして机の上に置きなさい。

受検番号	第　　　　　　番

【解答上の注意】

問題の文中の アイ などには、数字が入ります。**ア**、**イ**、… の一つ一つには、０から９までの数字のいずれか一つがあてはまるので、解答用紙の**ア**、**イ**、… で示された数字のマーク欄を塗りつぶします。

（例） アイ に「15」と答えるとき

	ア	⓪ ● ② ③ ④ ⑤ ⑥ ⑦ ⑧ ⑨
	イ	⓪ ① ② ③ ④ ● ⑥ ⑦ ⑧ ⑨

なお、このような場合、**ア**の欄に「０」が入ることはありません。

（例） $\frac{\boxed{アイ}}{\boxed{ウエ}}$ に「$\frac{14}{23}$」と答えるとき

	ア	⓪ ● ② ③ ④ ⑤ ⑥ ⑦ ⑧ ⑨
	イ	⓪ ① ② ③ ● ⑤ ⑥ ⑦ ⑧ ⑨
	ウ	⓪ ① ● ③ ④ ⑤ ⑥ ⑦ ⑧ ⑨
	エ	⓪ ① ② ● ④ ⑤ ⑥ ⑦ ⑧ ⑨

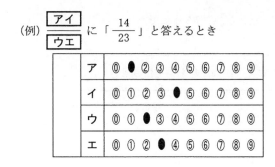

数　　学

1　次の(1)から(10)までの問いに答えなさい。

(1)　$4 \times (-3) - (-6) \div 3$　を計算した結果として正しいものを、次の**ア**から**エ**までの中から一つ選びなさい。

ア　-14　　**イ**　-10　　**ウ**　-2　　**エ**　4

(2)　$\dfrac{-2x+1}{4} - \dfrac{x-3}{3}$　を計算した結果として正しいものを、次の**ア**から**エ**までの中から一つ選びなさい。

ア　$-10x+15$　　**イ**　$\dfrac{-10x-9}{12}$　　**ウ**　$\dfrac{-10x+15}{12}$　　**エ**　$\dfrac{-5x+5}{2}$

(3)　$(6a^2b - 12ab^2) \div \dfrac{2}{3}ab$　を計算した結果として正しいものを、次の**ア**から**エ**までの中から一つ選びなさい。

ア　$-9ab$　　**イ**　$4a-8b$　　**ウ**　$9a-2b$　　**エ**　$9a-18b$

(4)　$x=\sqrt{3}+\sqrt{2}$、$y=\sqrt{3}-\sqrt{2}$ のとき、x^2+xy-y^2 の値として正しいものを、次の**ア**から**エ**までの中から一つ選びなさい。

ア　1　　**イ**　11　　**ウ**　$4\sqrt{6}+1$　　**エ**　$4\sqrt{6}+11$

(5)　方程式　$(x+3)^2-11=5(x+2)$　の解として正しいものを、次の**ア**から**エ**までの中から一つ選びなさい。

ア　$x=-4,\ -3$　　**イ**　$x=-4,\ 3$　　**ウ**　$x=-3,\ 4$　　**エ**　$x=3,\ 4$

(6)　1個 a gのトマト3個、1本 b gのきゅうり2本をあわせた重さが900 gより軽いという関係を表している不等式を、次の**ア**から**エ**までの中から一つ選びなさい。

ア　$3a+2b \leqq 900$　　**イ**　$3a+2b<900$

ウ　$3a+2b \geqq 900$　　**エ**　$3a+2b>900$

(7)　y が x に反比例し、$x = 4$ のとき $y = 3$ である関数のグラフ上の点で、x 座標と y 座標がともに整数であり、x 座標が y 座標よりも小さい点は何個あるか、次の**ア**から**エ**までの中から一つ選びなさい。

ア　1個　　**イ**　2個　　**ウ**　3個　　**エ**　6個

(8)　平方根について正しく述べたものを、次の**ア**から**カ**までの中から二つ選びなさい。

ただし、マーク欄は1行につき一つだけ塗りつぶすこと。

ア　64 の平方根は ± 8 である。　　**イ**　$\sqrt{16}$ は ± 4 である。

ウ　$\sqrt{(-6)^2}$ は -6 である。　　**エ**　$\sqrt{16} - \sqrt{9}$ は $\sqrt{7}$ である。

オ　$\sqrt{3} \times 5$ は $\sqrt{15}$ である。　　**カ**　$\sqrt{21} \div \sqrt{7}$ は $\sqrt{3}$ である。

(9)　図は、小学校6年生 40 人のソフトボール投げの記録を整理し、ヒストグラムで表したものである。

この記録を箱ひげ図で表したとき、最も適当な図を、次の**ア**から**エ**までの中から選びなさい。

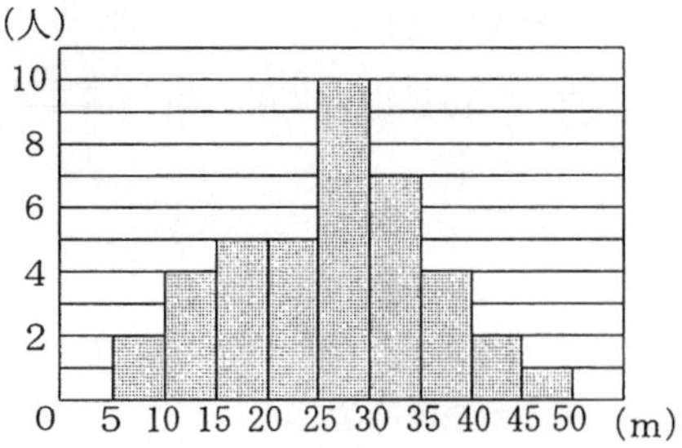

ア

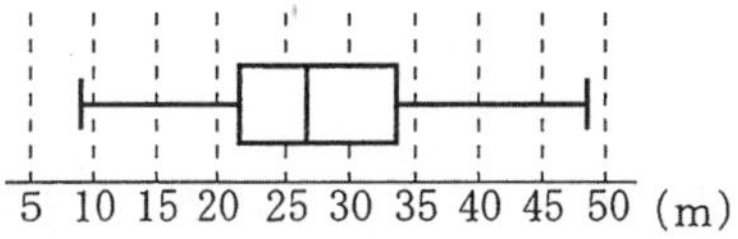

イ

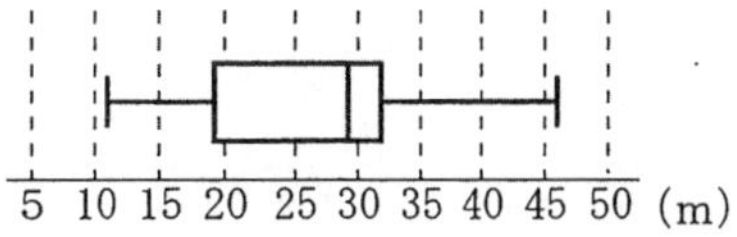

ウ

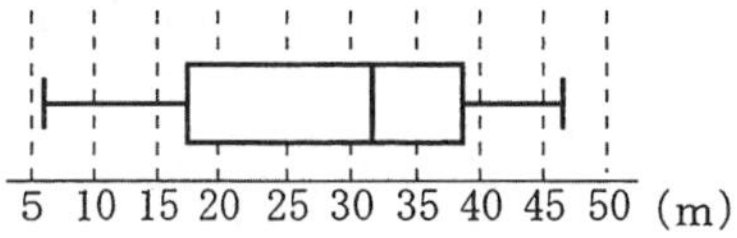

エ

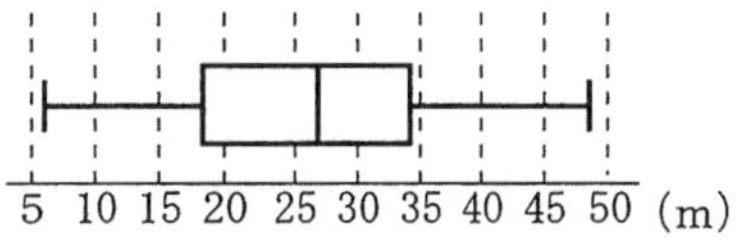

(10)　図で、四角形ＡＢＣＤは平行四辺形、Ｅは辺ＤＣ上の点でＤＥ：ＥＣ＝２：３である。また、Ｆは線分ＡＣとＥＢとの交点、Ｇは辺ＢＣ上の点で、ＡＢ//ＦＧである。

ＡＢ＝ 10 cmのとき、線分ＦＧの長さは何cmか、次の**ア**から**エ**までの中から一つ選びなさい。

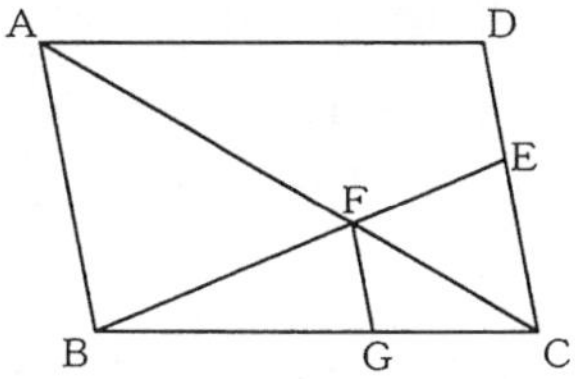

ア　3 cm　　**イ**　$\frac{18}{5}$ cm　　**ウ**　$\frac{15}{4}$ cm　　**エ**　4 cm

2024(R6) 愛知県公立高
教英出版

令和６年学力検査

全　日　制　課　程

第３時限問題

社　　　　会

検査時間　11時30分から12時15分まで

「解答始め」という指示があるまで、次の注意をよく読みなさい。

注　　　意

(1) 解答用紙は、この問題用紙とは別になっています。

(2) 「解答始め」という指示で、すぐこの表紙に受検番号を書きなさい。続いて、解答用紙に氏名と受検番号を書き、受検番号についてはマーク欄も塗りつぶしなさい。

(3) 問題は(1)ページから(10)ページまであります。表紙の裏と(10)ページの次からは白紙になっています。受検番号を記入したあと、問題の各ページを確かめ、不備のある場合は手をあげて申し出なさい。

(4) 答えは全て解答用紙のマーク欄を塗りつぶしなさい。

(5) 印刷の文字が不鮮明なときは、手をあげて質問してもよろしい。

(6) 「解答やめ」という指示で、解答することをやめ、解答用紙と問題用紙を別々にして机の上に置きなさい。

受検番号	第　　　　　　番

社　　　会

1　次のⅠの表、Ⅲの写真は生徒が文化財についての発表を行うために用意したものの一部であり、Ⅱは略地図である。あとの(1)から(3)までの問いに答えなさい。

Ⅰ　表

種類	具体例
有形文化財	東大寺の大仏
	中尊寺金色堂
無形文化財	能楽
	歌舞伎

（文化庁ウェブページをもとに作成）

Ⅱ　略地図

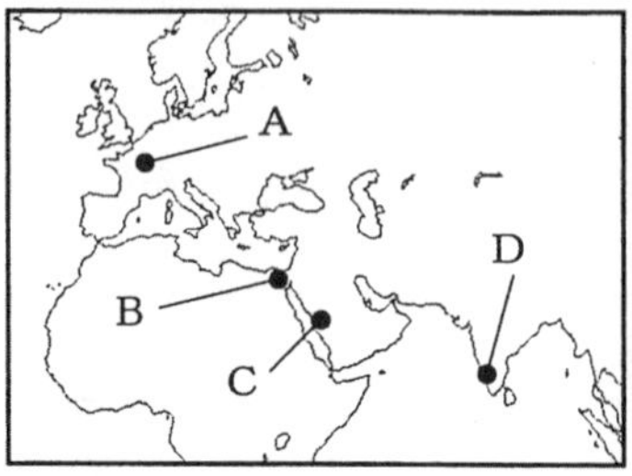

Ⅲ　写真

(1)　Ⅰの表中にある東大寺の大仏がはじめてつくられた年代以前に世界で起こったできごととして最も適当なものを、次の**ア**から**エ**までの中から選びなさい。また、そのできごとに関連する場所として最も適当なものを、Ⅱの略地図中の**A**から**D**までの中から選びなさい。

ア　バスコ＝ダ＝ガマがインド航路をひらく　　**イ**　ルイ14世がベルサイユ宮殿を建てる
ウ　スエズ運河が開通する　　**エ**　ムハンマドがイスラム教をおこす

(2)　次の文章は、Ⅰの表について調べる際に作成したメモである。文章中の（　①　）、（　②　）、（　③　）にあてはまることばの組み合わせとして最も適当なものを、下の**ア**から**ク**までの中から選びなさい。

> 中尊寺金色堂は、（　①　）に本拠を置いた奥州藤原《ふじわら》氏によって建てられた、極楽浄土の世界を表現した建造物である。また、（　②　）によって大成された能楽（能）は、村や寺社などで行われてきた猿楽などが起源であり、歌舞伎は、17世紀に（　③　）が京都で始め、人気を集めたかぶき踊りが起源である。

	ア	イ	ウ	エ	オ	カ	キ	ク
①	大宰府	大宰府	大宰府	大宰府	平　泉	平　泉	平　泉	平　泉
②	観阿弥《かんあみ》と世阿弥《ぜあみ》	観阿弥と世阿弥	最澄《さいちょう》と空海《くうかい》	最澄と空海	観阿弥と世阿弥	観阿弥と世阿弥	最澄と空海	最澄と空海
③	出雲《いずも》の阿国《おくに》(出雲阿国)	菱川師宣《ひしかわもろのぶ》	出雲の阿国(出雲阿国)	菱川師宣	出雲の阿国(出雲阿国)	菱川師宣	出雲の阿国(出雲阿国)	菱川師宣

(3)　Ⅲの写真の建築物が建てられた年代と最も近い年代の日本のできごとについて述べた文を、次の**ア**から**エ**までの中から選びなさい。

ア　源頼朝《みなもとのよりとも》が征夷大将軍に任じられ、鎌倉に幕府を開いた。
イ　幕府は朝廷の監視を強化するため、京都に六波羅探題を設置した。
ウ　白河天皇《しらかわてんのう》が上皇となり、摂政や関白の力を抑えて院政を始めた。
エ　唐にならって、律と令からなる大宝律令がつくられた。

2 次のⅠからⅤまでの資料は、2024年に発行される予定の紙幣に描かれる３人の人物を題材に、生徒がまとめたレポートの一部である。あとの(1)から(4)までの問いに答えなさい。
なお、Ⅲの資料中のＸ、Ｙ、Ｚは、アメリカ、イギリス、フランスのいずれかである。

Ⅰ　３人の人物の概略

【千円札】
北里柴三郎《きたさとしばさぶろう》（1852～1931）
・細菌学の分野で成果をあげるなど、①医学の発展に貢献

【五千円札】
津田梅子《つだうめこ》（1864～1929）
・②岩倉《いわくら》使節団に同行
・帰国後、女性の社会的地位の向上に尽力

【一万円札】
渋沢栄一《しぶさわえいいち》（1840～1931）
・多くの会社の設立に関わるなど、④近代産業の発展に寄与

Ⅱ　解体新書と蘭学の発展

左は解体新書の扉絵です。この本は、ヨーロッパの解剖書の正確さに驚いた（　Ａ　）らが、その解剖書を翻訳して出版したものです。

解体新書が出版される50年ほど前に、（　Ｂ　）ため、ヨーロッパの学問を研究する蘭学が発達しはじめました。

Ⅲ　岩倉使節団が訪れたおもな国とその記録

（　Ｘ　）	この地はヨーロッパの文化を取り入れている。ここに住んでいる人は移住してきたといっても、実はヨーロッパでも、最も自主・自治のたくましい精神をもつ人が集まってきている。
（　Ｙ　）	国民の精神は世界貿易に集中している。船を五大洋に派遣し、世界各地から原料を買って自国に運び、それを石炭と鉄の力を借りて工業製品とし、再び各国に輸出している。
（　Ｚ　）	ヨーロッパの最も開けた部分の中央に位置し、あらゆる商品が集まる中心であり、文明進展の要である。肥沃な土地でたいへん念入りに農耕を行っているので、農産物は豊富である。
③ドイツ	行政権は皇帝ならびに執政にある。執政にはビスマルクが任じられている。皇帝は外交権ならびに連邦の名のもとに交戦権をもつ。

（「特命全権大使　米欧回覧実記」をもとに作成）

Ⅳ　略年表

年	紡績業に関するできごと
1883	渋沢栄一らの尽力で、大阪紡績会社が開業する
1891	綿糸の国内生産量が輸入量を上回る
1897	綿糸の輸出量が輸入量をはじめて上回る
1900ごろ	綿糸が生糸とならび、日本のおもな輸出品となる

（「近現代日本経済史要覧」などをもとに作成）

Ⅴ　大阪紡績会社の工場のようす

(1) Ⅱの資料は、生徒がⅠの資料中の①医学についてまとめたものの一部である。Ⅱの資料の（　A　）にあてはまる人名として最も適当なものを、次の**ア**から**エ**までの中から選びなさい。また、（　B　）にあてはまることばとして最も適当なものを、次のaからdまでの中から選びなさい。

ア　本居宣長《もとおりのりなが》　　**イ**　野口英世《のぐちひでよ》　　**ウ**　杉田玄白《すぎたげんぱく》　　**エ**　中江兆民《なかえちょうみん》

a　徳川家康《とくがわいえやす》が、海外への渡航を許可する朱印状を与えた
b　徳川吉宗《とくがわよしむね》が、ヨーロッパの書物の輸入制限を緩和した
c　ペリーが来航し、日米和親条約が結ばれた
d　イエズス会の宣教師が来日し、キリスト教を広めた

(2) Ⅲの資料は、生徒がⅠの資料中の②岩倉使節団が訪れたおもな国についてまとめたものの一部である。（　X　）、（　Y　）にあてはまる国名の組み合わせとして最も適当なものを、次の**ア**から**カ**までの中から選びなさい。

ア　X：アメリカ　Y：イギリス　　**イ**　X：アメリカ　Y：フランス
ウ　X：イギリス　Y：アメリカ　　**エ**　X：イギリス　Y：フランス
オ　X：フランス　Y：アメリカ　　**カ**　X：フランス　Y：イギリス

(3) Ⅲの資料中の③ドイツのようすについて、次の文中の（　　　）にあてはまる文として最も適当なものを、下の**ア**から**エ**までの中から選びなさい。

岩倉使節団が訪れたころのドイツは、（　　　）。

ア　独立戦争をおこし、権力の集中を防ぐために司法・立法・行政の三権分立を取り入れた憲法を制定していた
イ　都市の民衆や農民らが革命をおこし、自由・平等・国民主権などをうたった人権宣言を出していた
ウ　君主権の強い憲法を制定し、軍事力を強化するとともに工業化による急速な経済発展を実現していた
エ　議会を尊重する新しい国王を迎える一方で、国王は議会の承認がなければ法律の停止や新たな課税ができないことなどを定めていた

(4) Ⅳ、Ⅴの資料は、生徒がⅠの資料中の④近代産業の発展についてまとめたものの一部である。Ⅳ、Ⅴの資料から読み取ることのできる文として最も適当なものを、次の**ア**から**エ**までの中から選びなさい。

ア　1891年の綿糸の輸出量は輸入量より多くなかったことがわかる。
イ　1897年の綿糸の国内生産量は生糸の国内生産量を上回っていたことがわかる。
ウ　日本の軽工業において工場制手工業が始まったことがわかる。
エ　工場法が施行されたことにより労働環境が改善されたことがわかる。

3 次のⅠからⅤまでの資料は、生徒が修学旅行で訪れる予定の長崎県を調べるために作成したものの一部である。あとの(1)から(4)までの問いに答えなさい。

なお、Ⅲの表中のA、B、C、Dは大分県、鹿児島県、福岡県、宮崎県のいずれかである。

Ⅰ　長崎県、徳島県、石川県の面積等

県名	面　積 (km²)	海岸線 距　離 (km)	島の数	県庁所在地の 1月の平均 降雪日数（日）
長崎県	4 131	W	971	Y
徳島県	4 147	X	88	7.2
石川県	4 186	583	110	Z

（注）島の数は、周囲が0.1km以上のものとし、埋め立て地は除いている。

（「理科年表　2023」をもとに作成）

Ⅱ　略地図

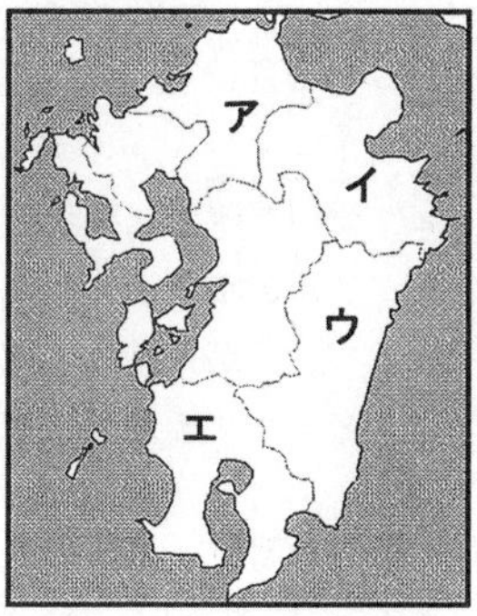

Ⅲ　5県の豚の飼育頭数等

県名	豚の飼育頭数 （千頭）	きゅうりの生産量 （千t）	製造品出荷額 （十億円）	地熱発電量 （百万kWh）
A	80	10	9 912	−
B	148	3	4 299	823
長崎県	201	7	1 719	−
C	797	61	1 635	−
D	1 234	11	1 994	376

（注）表中の「−」は全くない、もしくは定義上該当の数値がないことを示している。

（「データブック　オブ・ザ・ワールド　2023年版」などをもとに作成）

Ⅳ　長崎県内の写真

P

Q

Ⅴ　地図記号

(1)　Ⅰの表中のW、X、Y、Zにあてはまる数字の組み合わせとして最も適当なものを、次の**ア**から**エ**までの中から選びなさい。

ア　W：　392　　X：4 196　　Y：22.7　　Z：　7.0
イ　W：　392　　X：4 196　　Y：　7.0　　Z：22.7
ウ　W：4 196　　X：　392　　Y：22.7　　Z：　7.0
エ　W：4 196　　X：　392　　Y：　7.0　　Z：22.7

令和６年学力検査

全　日　制　課　程

第４時限問題

理　　　科

検査時間　13時15分から14時00分まで

「解答始め」という指示があるまで、次の注意をよく読みなさい。

注　　意

(1) 解答用紙は、この問題用紙とは別になっています。

(2) 「解答始め」という指示で、すぐこの表紙に受検番号を書きなさい。続いて、解答用紙に氏名と受検番号を書き、受検番号についてはマーク欄も塗りつぶしなさい。

(3) 問題は(1)ページから(10)ページまであります。表紙の裏と(10)ページの次からは白紙になっています。受検番号を記入したあと、問題の各ページを確かめ、不備のある場合は手をあげて申し出なさい。

(4) 余白や白紙のページは、計算などに使ってもよろしい。

(5) 答えは全て解答用紙のマーク欄を塗りつぶしなさい。

(6) 印刷の文字が不鮮明なときは、手をあげて質問してもよろしい。

(7) 「解答やめ」という指示で、解答することをやめ、解答用紙と問題用紙を別々にして机の上に置きなさい。

受検番号	第　　　　　　番

理　　　科

1 次の(1)、(2)の問いに答えなさい。

(1) 電子の流れについて調べるため、次の〔実験〕を行った。

〔実験〕 ① 真空放電管（クルックス管）を用意し、電極Aと電極Bの間に大きな電圧を加えたところ、図1のように蛍光板に光るすじが見えた。

② 次に、電極Aと電極Bの間に大きな電圧を加えたまま、電極Cと電極Dの間に電圧を加え、真空放電管のようすを観察した。

図1

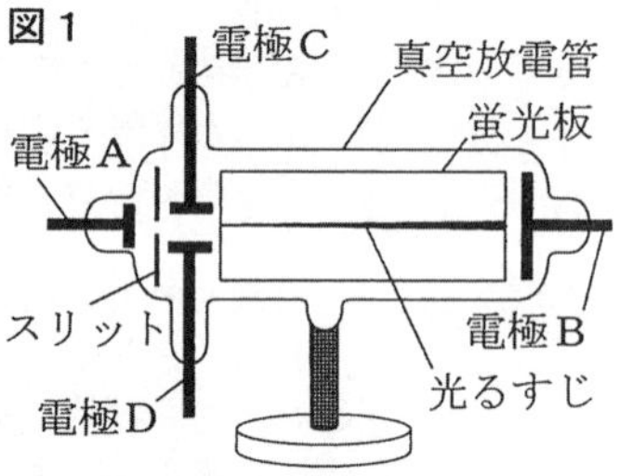

次の文章は、このときの真空放電管のようすについて述べたものである。文章中の（ Ⅰ ）と（ Ⅱ ）のそれぞれにあてはまる語句の組み合わせとして最も適当なものを、下の**ア**から**エ**までの中から選びなさい。

〔実験〕の①で、蛍光板に光るすじが見えたのは、電極Aと電極Bの間に（ Ⅰ ）となるように電圧を加えたときである。 〔実験〕の②で、電極Cが陽極（＋《プラス》極）、電極Dが陰極（－《マイナス》極）となるように電圧を加えたところ、光るすじは図1の（ Ⅱ ）に曲がって見えた。

ア　Ⅰ：電極Aが陽極（＋極）、電極Bが陰極（－極）　　Ⅱ：上向き
イ　Ⅰ：電極Aが陽極（＋極）、電極Bが陰極（－極）　　Ⅱ：下向き
ウ　Ⅰ：電極Aが陰極（－極）、電極Bが陽極（＋極）　　Ⅱ：上向き
エ　Ⅰ：電極Aが陰極（－極）、電極Bが陽極（＋極）　　Ⅱ：下向き

(2) 3種類の白色の物質A、B、Cの性質を調べるため、次の〔実験1〕と〔実験2〕を行った。

〔実験1〕 同じ量の水が入った3本の試験管を用意し、その試験管を用いて、物質A、B、Cをそれぞれ別の試験管に少量ずつ入れ、よくふって、そのようすを調べた。

〔実験2〕 物質A、B、Cをそれぞれ別のアルミニウムはくでおおった燃焼さじにとり、図2のようにガスバーナーで加熱して、そのようすを調べた。

図2

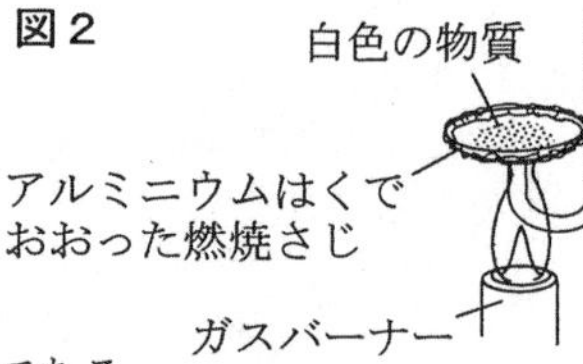

表は、〔実験1〕と〔実験2〕の結果をまとめたものである。
ただし、物質A、B、Cは、砂糖、食塩、デンプンのいずれかである。

表

	物質A	物質B	物質C
〔実験1〕	とけて透明になった。	とけて透明になった。	とけずに白くにごった。
〔実験2〕	黒くこげた。	こげなかった。	黒くこげた。

物質A、B、Cはそれぞれ何か。物質A、B、Cの組み合わせとして最も適当なものを、次の**ア**から**カ**までの中から選びなさい。

ア　A：砂糖　B：食塩　C：デンプン
イ　A：砂糖　B：デンプン　C：食塩
ウ　A：食塩　B：砂糖　C：デンプン
エ　A：食塩　B：デンプン　C：砂糖
オ　A：デンプン　B：砂糖　C：食塩
カ　A：デンプン　B：食塩　C：砂糖

2 刺激に対するヒトの反応について調べるため、次の〔実験１〕と〔実験２〕を行った。

〔実験１〕 ① **図１**のように、Aさんは右手でものさしの上端をつかみ、Bさんはものさしにふれないように０の目盛りの位置に左手の指をそえた。

② Aさんは合図をせずにものさしをはなした。

③ Bさんはものさしが落ちはじめるのを見たらすぐに、左手の高さを変えずにものさしをつかみ、ものさしが落下した距離を測定した。

④ ①から③までを、さらに４回繰り返した。

図１

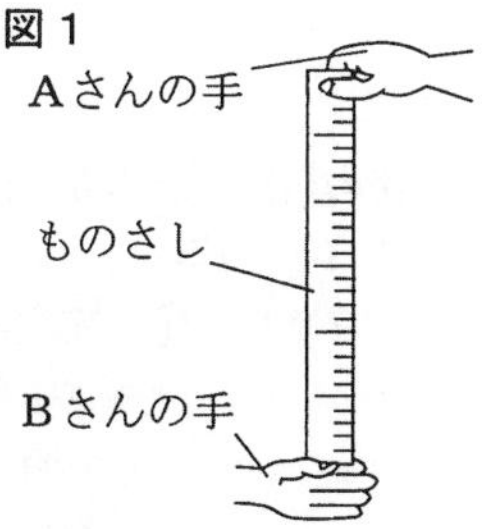

〔実験２〕 ① **図１**のように、Aさんは右手でものさしの上端をつかみ、Bさんはものさしにふれないように０の目盛りの位置に左手の指をそえた。

② Bさんは目を閉じた。

③ Aさんは左手で、Bさんは右手で互いに手をつなぎ、Aさんはものさしをはなす瞬間に、Bさんの手を強くにぎった。

④ Bさんは手を強くにぎられたらすぐに、左手の高さを変えずにものさしをつかみ、ものさしが落下した距離を測定した。

⑤ ①から④までを、さらに４回繰り返した。

表は、〔実験１〕と〔実験２〕の結果をまとめたものである。

表

		１回目	２回目	３回目	４回目	５回目
〔実験１〕	ものさしが落下した距離〔cm〕	18.2	17.4	18.0	17.8	17.6
〔実験２〕	ものさしが落下した距離〔cm〕	24.6	24.4	24.0	24.2	24.3

次の(1)から(4)までの問いに答えなさい。

(1) **図２**は、ヒトの目の断面を模式的に表したものである。**図２**のX、Yのうち、〔実験１〕で、Bさんがものさしの落下を光の刺激として受け取ったとき、目に入った光の刺激を受け取って光が像を結んだ部分と、その部分の名称の組み合わせとして最も適当なものを、次の**ア**から**カ**までの中から選びなさい。

図２

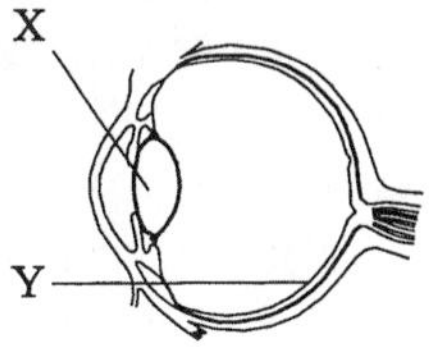

ア X、網膜　**イ** X、レンズ　**ウ** X、ひとみ
エ Y、網膜　**オ** Y、レンズ　**カ** Y、ひとみ

(2) 〔実験２〕では、Bさんが右手の皮ふで刺激を受け取り、左手の筋肉を動かしてものさしをつかんだ。このときの信号が伝わる経路を表したものとして最も適当なものを、次の**ア**から**エ**までの中から選びなさい。

ア 右手の皮ふ → せきずい → 左手の筋肉

イ 右手の皮ふ → 脳 → せきずい → 左手の筋肉

ウ 右手の皮ふ → せきずい → 脳 → 左手の筋肉

エ 右手の皮ふ → せきずい → 脳 → せきずい → 左手の筋肉

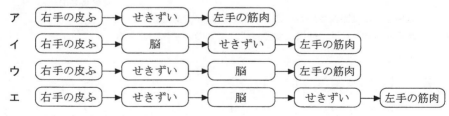

(3) **図3**は、ものさしが落下した距離とものさしが落ちはじめてからの時間の関係をグラフに表したものである。〔実験1〕で**A**さんがものさしをはなしてから**B**さんがものさしをつかむまでの時間と、〔実験2〕で**A**さんがものさしをはなしてから**B**さんがものさしをつかむまでの時間の差はおよそ何秒か。最も適当なものを、次の**ア**から**カ**までの中から選びなさい。

ア 0.01秒　　**イ** 0.03秒
ウ 0.05秒　　**エ** 0.07秒
オ 0.09秒　　**カ** 0.11秒

図3

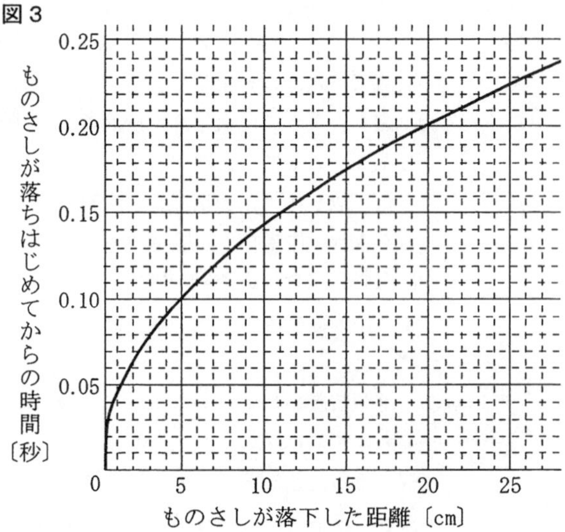

(4) AさんとBさんは、ヒトの音の刺激に対する反応についても調べるため、さらに実験を行うことにした。次の文章は二人が作成した実験計画の一部である。計画が適切なものとなるように、（　Ⅰ　）と（　Ⅱ　）にあてはまる語句として最も適当なものを、（　Ⅰ　）には下の**a**から**e**までの中から、（　Ⅱ　）には下の**ア**から**ウ**までの中からそれぞれ選びなさい。

＜実験の手順＞
① Aさんは右手でものさしの上端をつかみ、Bさんはものさしにふれないように0の目盛りの位置に左手の指をそえる。
② Aさんはものさしをはなす瞬間に、Bさんに向けて「あっ」と声を出す。
③ Bさんは声を聞いたらすぐに、左手の高さを変えずにものさしをつかみ、ものさしが落下した距離を測定する。
④ ①から③までを、さらに4回繰り返す。
＜気をつけること＞
この実験では（　Ⅰ　）。
＜結果の整理＞
ものさしが落下した距離と**図3**のグラフから（　Ⅱ　）がわかる。

a Aさんは目を閉じている必要がある
b Bさんは目を閉じている必要がある
c Aさんはものさしを見ている必要がある
d Bさんはものさしを見ている必要がある
e AさんとBさんは手をつないでいる必要がある

ア Aさんが声を出してから、音の刺激がBさんの脳に伝わるまでの時間
イ Aさんが声を出してから、Bさんがものさしをつかむまでの時間
ウ Aさんの声による音の刺激がBさんの脳に伝わってから、Bさんがものさしをつかむまでの時間

3 水溶液を電気分解したときの変化について調べるため、次の〔実験１〕から〔実験３〕までを行った。

〔実験１〕 ① 炭素棒A、Bを用意し、それぞれの質量を測定した。

② 図１のように、塩化銅水溶液の入ったビーカーに、発泡ポリスチレンの板に取り付けた炭素棒Aと炭素棒Bを入れ、炭素棒Aが陰極（－極）に、炭素棒Bが陽極（＋極）になるように導線で電源装置と電流計を接続した。

③ 電源装置のスイッチを入れ、電流の大きさを0.8Aにして25分間電気分解を行ったところ、一方の炭素棒に赤色（赤茶色）の物質が付着し、もう一方の炭素棒からは気体が発生した。

④ 赤色（赤茶色）の物質が付着した炭素棒を取り出し、その炭素棒の質量を測定した。

⑤ ①、④で測定した炭素棒の質量から、付着した赤色（赤茶色）の物質の質量を計算した。

⑥ 電流を流す時間をさまざまに変えて、①から⑤までと同じことを行った。

⑦ 電流の大きさを1.2A、2.0Aに変えて、それぞれ①から⑥までと同じことを行った。

図１

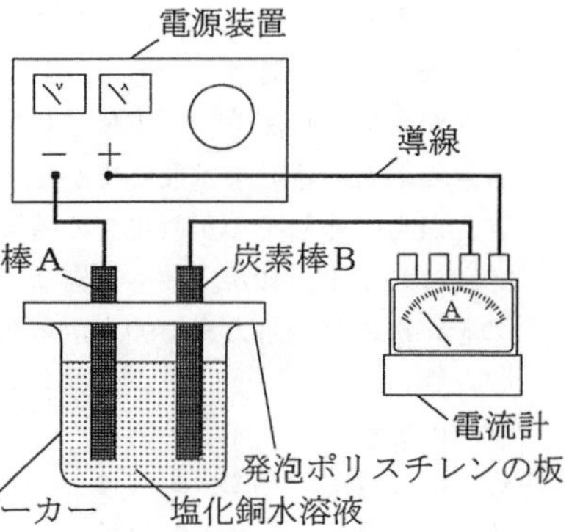

〔実験１〕の③で得られた赤色（赤茶色）の物質を調べたところ、銅であることがわかった。**図２**は、〔実験１〕で電流の大きさを0.8A、1.2A、2.0Aにしたときの、電流を流した時間と、炭素棒に付着した銅の質量の関係を、それぞれグラフに表したものである。

図２

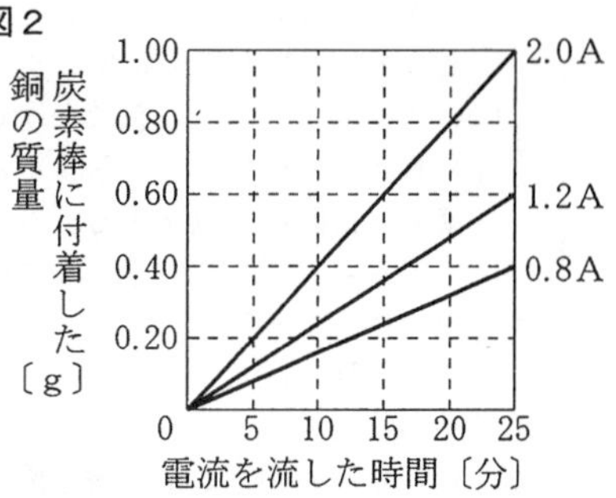

〔実験２〕 ① **図３**のように、電気分解装置にうすい水酸化ナトリウム水溶液を満たし、電極Cが陰極（－極）に、電極Dが陽極（＋極）になるように導線で電源装置を接続した。

② 電源装置のスイッチを入れて電気分解装置に電流を流し、電極C、D付近から発生した気体をそれぞれ集めた。

図３

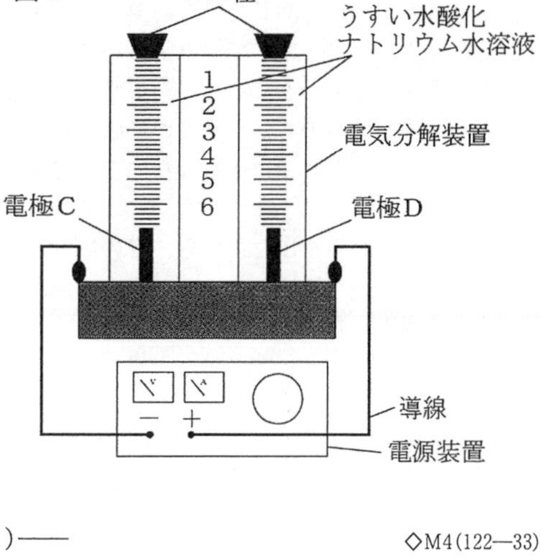

令和６年学力検査

全　日　制　課　程

第５時限問題

外国語（英語）聞き取り検査

検査時間　14時25分から10分間程度

聞き取り検査は全て放送機器を使って行います。指示があるまで、次の注意をよく読みなさい。

注　　意

(1) 解答用紙は、この問題用紙とは別になっています。

(2) 「始め」という指示で、すぐこの表紙に受検番号を書きなさい。続いて、解答用紙に氏名と受検番号を書き、受検番号についてはマーク欄も塗りつぶしなさい。

(3) 「始め」という指示のあと、聞き取り検査が始まるまで、１分あります。(1)ページの「答え方」をよく読みなさい。

(4) 受検番号を記入したあと、各ページを確かめ、不備のある場合は手をあげて申し出なさい。

(5) 答えは全て解答用紙のマーク欄を塗りつぶしなさい。

(6) 印刷の文字が不鮮明なときは、手をあげて質問してもよろしい。

(7) 「やめ」という指示で、解答することをやめ、解答用紙と問題用紙を別々にして机の上に置きなさい。

受検番号	第　　　　　　番

外 国 語 (英 語) 聞き取り検査

※教英出版注
音声は，解答集の書籍ＩＤ番号を教英出版ウェブサイトで入力して聴くことができます。

指示に従って、聞き取り検査の問題に答えなさい。

「答え方」

問題は第１問と第２問の二つに分かれています。

第１問、第２問ともに、問いに対する答えとして正しいものはマーク欄の「正《せい》」の文字を、誤っているものはマーク欄の「誤《ご》」の文字を、それぞれ塗りつぶしなさい。正しいものは、各問いについて一つしかありません。

第１問は、１番から３番までの三つあります。それぞれについて、対話と、対話についての問い、問いに対する答えを聞きます。そのあと、もう一度、繰り返します。必要があれば、メモをとってもよろしい。

第２問は、英語によるスピーチと、スピーチについての問い、問いに対する答えを聞きます。そのあと、もう一度、繰り返します。問いは二つあります。必要があれば、メモをとってもよろしい。

令和６年学力検査

全　日　制　課　程

第５時限問題

外国語（英語）筆記検査

検査時間　14時50分から15時30分まで

「解答始め」という指示があるまで、次の注意をよく読みなさい。

注　　　意

(1) 解答用紙は、この問題用紙とは別になっています。

(2) 「解答始め」という指示で、すぐこの表紙に受検番号を書きなさい。続いて、解答用紙に氏名と受検番号を書き、受検番号についてはマーク欄も塗りつぶしなさい。

(3) 問題は(1)ページから(6)ページまであります。(6)ページの次は白紙になっています。受検番号を記入したあと、問題の各ページを確かめ、不備のある場合は手をあげて申し出なさい。

(4) 答えは全て解答用紙のマーク欄を塗りつぶしなさい。

(5) 印刷の文字が不鮮明なときは、手をあげて質問してもよろしい。

(6) 「解答やめ」という指示で、解答することをやめ、解答用紙と問題用紙を別々にして机の上に置きなさい。

受検番号	第　　　　　　　　番

外国語（英語）筆記検査

1　日曜日の朝、勇樹（Yuki）が日本に留学中のライアン（Ryan）と電話で話しています。次の対話が成り立つように、下線部(1)から(3)までのそれぞれにあてはまる最も適当なものを、あとの**ア**から**エ**までの中から選びなさい。

Yuki: Hi, Ryan.　This is Yuki.

Ryan: Oh!　Hello, Yuki.　What's up?

Yuki: Do you have any plans for this afternoon?

Ryan: Well, if it were sunny today, ＿＿(1)＿＿.　Actually, you know, it has been raining since last night.　So, I have nothing to do all day.

Yuki: I see.　I'm planning to ＿＿(2)＿＿ with our friend, Kota.　Do you want to join us?

Ryan: I'd like to, but I don't know where it is.

Yuki: Don't worry, Ryan.　Please come to my house at 1 p.m.　Let's go there together!

Ryan: Thank you, Yuki.　Well, how about Kota?

Yuki: Ah, ＿＿(3)＿＿.　So, we'll wait for you here.

Ryan: OK.　See you then.

(1)　ア　I will go hiking in the countryside
　　イ　I will not go hiking in the countryside
　　ウ　I would go hiking in the countryside
　　エ　I would not go hiking in the countryside

(2)　ア　stay home to play video games
　　イ　go to the theater to watch a movie
　　ウ　go hiking in the countryside
　　エ　visit your house

(3)　ア　he's very busy today, so he can't come
　　イ　he doesn't know my house
　　ウ　he's now in the countryside for hiking
　　エ　he's already at my house

2　ある生徒が、クラスで調査を行い、その結果を[Graph 1]と[Graph 2]にまとめて、**[発表の内容]**のとおり、英語の授業で発表しました。あとの(1)、(2)の問いに答えなさい。

[Graph 1]

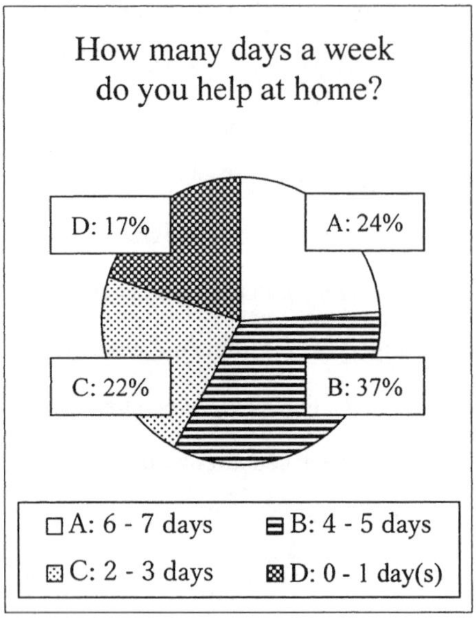

[Graph 2]

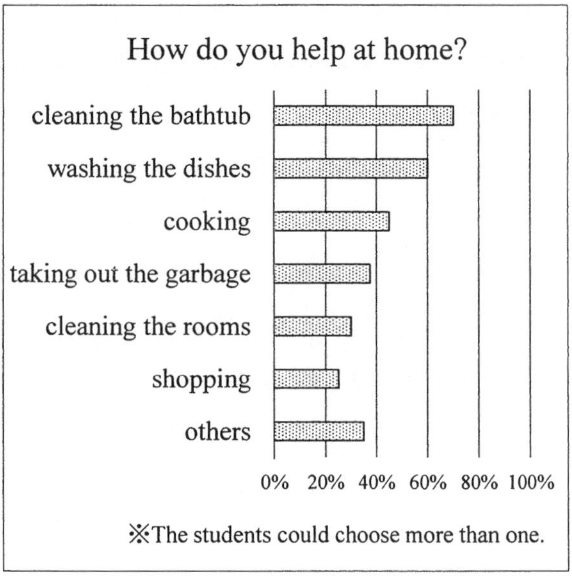

[発表の内容]

I'll make a presentation about helping at home.

First, according to Graph 1, more than 60% of us help our families ＿＿①＿＿ a week at home.　And 17% of us help our families a day or don't help at all.

Second, look at Graph 2, please.　About 70% of us ＿＿②＿＿.　And I'm a little surprised to know that ＿＿③＿＿ the rooms.

Please feel free to ask me if you have questions.　Thank you.

(1)　下線部①、②にあてはまる組み合わせとして最も適当なものを、次の**ア**から**エ**までの中から選びなさい。

ア　① 6 days or more　② clean the bathtub

イ　① 6 days or more　② take out the garbage

ウ　① 4 days or more　② clean the bathtub

エ　① 4 days or more　② take out the garbage

(2)　下線部③にあてはまるように、次の**ア**から**キ**までの中から六つ選んで正しく並べ替えるとき、1番目、3番目、5番目にくるものをそれぞれ選びなさい。

ア　than　　**イ**　cleaning　　**ウ**　shopping　　**エ**　cooking

オ　common　　**カ**　is　　**キ**　more

3 次の文章を読んで、あとの(1)から(5)までの問いに答えなさい。

Thanks to the progress of information technology, our daily lives are getting more convenient than before. Now we cannot imagine life (**A**) this technology. On the internet, we can get information we need, watch a variety of videos we like, and buy goods we want. Moreover, we see some changes we did not experience several years ago. One of them is an online meeting. You may talk with people living far away, such as your grandparents or foreign students.

【 a 】 If your answer is "Yes," you may know some strong points. We can save time and money to go to the place for a meeting. During an online meeting with our grandparents who live in another town, we do not have to stay together with them. We just turn on a computer at home, and then they appear in front of us. We can talk with them on the internet any time.

【 b 】 We can communicate with people who are in foreign countries with little effort. For example, in our classroom, we can talk with students in a foreign school on the internet. With the help of online meetings, we can build global relationships with people in the world easily and quickly.

【 c 】 All the people in an online meeting must prepare their electronic devices, and connect them to the internet. In addition, accidents may happen while we have an online meeting. For example, our online meeting suddenly stops by the trouble of the internet. So, our traditional face-to-face meetings still have strong points.

Which type of meetings is better for us? It is difficult to answer this question, because online meetings and face-to-face meetings have different strong points. Therefore, when we try to meet someone, we need to think about the situation of the person and we should choose an online meeting or a face-to-face meeting by their strong points. In the near future, we will have more effective and impressive meetings than now.

(注) meeting 会うこと　　face-to-face 対面で

(1) 文章中の(**A**)にあてはまる最も適当なものを、次のアからエまでの中から選びなさい。

ア across　　イ until　　ウ around　　エ without

(2) 次のアからウまでの英文を、文章中の【 a 】から【 c 】までのそれぞれにあてはめて文章が成り立つようにするとき、【 c 】にあてはまる最も適当なものを選びなさい。

ア On the other hand, online meetings have weak points, too.
イ Online meetings have another strong point.
ウ Have you ever tried online meetings?

３番

Mom: Oh, we don't have enough milk for tomorrow.　Can you buy some, John?

John: No, mom.　I don't want to.　I'm watching TV now, and I must do my homework.

Mom: Then, do your homework first.

Question: What is true about this conversation?

a　John wants to buy some milk.

b　John has not finished his homework yet.

c　John has just drunk all the milk.

d　John is helping his mother in the kitchen.

それでは、もう一度聞きます。

第２問。

第２問は、英語によるスピーチと、スピーチについての問い、問いに対する答えを聞きます。そのあと、もう一度、繰り返します。問いは二つあります。必要があれば、メモをとってもよろしい。それでは、聞きます。

（第２問）

Hello, everyone.　I'm Shota.　Today, I want to share my memory of my host father in the U.S.　One day, he and I went to a beautiful river and enjoyed fishing.　Actually, I caught nothing, but he got a lot of fish.　Then, he taught me how to cook the fish and I tried it.　It was difficult, but so exciting because it was my first time cooking fish outside.　I'll never forget that delicious meal.

問１　What is true about this speech?

a　Shota's host father did not know how to cook fish.

b　Shota went to the river with his friends.

c　Shota's host father did not catch fish at all.

d　Shota enjoyed cooking the fish outside.

問２　What is the best title of this speech?

a　The bad experience by the river

b　The best fish in the river

c　My special time by the river

d　How to cook by the river

それでは、もう一度聞きます。

それでは、「やめ」の指示があるまで見直してください。時間は１分程度です。（１分程度）

「やめ」。これで、聞き取り検査を終わります。

監督者は、聞き取り検査の解答用紙を回収してください。

受検者は、そのまま静かに待機しなさい。

氏　名	

受検番号				
⓪	⓪	⓪	⓪	⓪
①	①	①	①	①
②	②	②	②	②
③	③	③	③	③
④	④	④	④	④
⑤	⑤	⑤	⑤	⑤
⑥	⑥	⑥	⑥	⑥
⑦	⑦	⑦	⑦	⑦
⑧	⑧	⑧	⑧	⑧
⑨	⑨	⑨	⑨	⑨

※22点満点

ソ	◍うすい

答１点

氏　名	

受検番号				
⓪	⓪	⓪	⓪	⓪
①	①	①	①	①
②	②	②	②	②
③	③	③	③	③
④	④	④	④	④
⑤	⑤	⑤	⑤	⑤
⑥	⑥	⑥	⑥	⑥
⑦	⑦	⑦	⑦	⑦
⑧	⑧	⑧	⑧	⑧
⑨	⑨	⑨	⑨	⑨

※22点満点

ッ	うすい

	㋕	㋖	㋗	㋘	㋙
	㋕				
	㋕				

⑴完答１点　⑵①１点　②完答１点　⑶①完答１点　②完答１点

3	(1)		ア	⓪	①	②	③	④	⑤	⑥	⑦	⑧	⑨
			イ	⓪	①	②	③	④	⑤	⑥	⑦	⑧	⑨
	(2)	①	ア	⓪	①	②	③	④	⑤	⑥	⑦	⑧	⑨
		②	イ	⓪	①	②	③	④	⑤	⑥	⑦	⑧	⑨
			ウ	⓪	①	②	③	④	⑤	⑥	⑦	⑧	⑨
	(3)	①	ア	⓪	①	②	③	④	⑤	⑥	⑦	⑧	⑨
			イ	⓪	①	②	③	④	⑤	⑥	⑦	⑧	⑨
			ウ	⓪	①	②	③	④	⑤	⑥	⑦	⑧	⑨
		②	エ	⓪	①	②	③	④	⑤	⑥	⑦	⑧	⑨
			オ	⓪	①	②	③	④	⑤	⑥	⑦	⑧	⑨

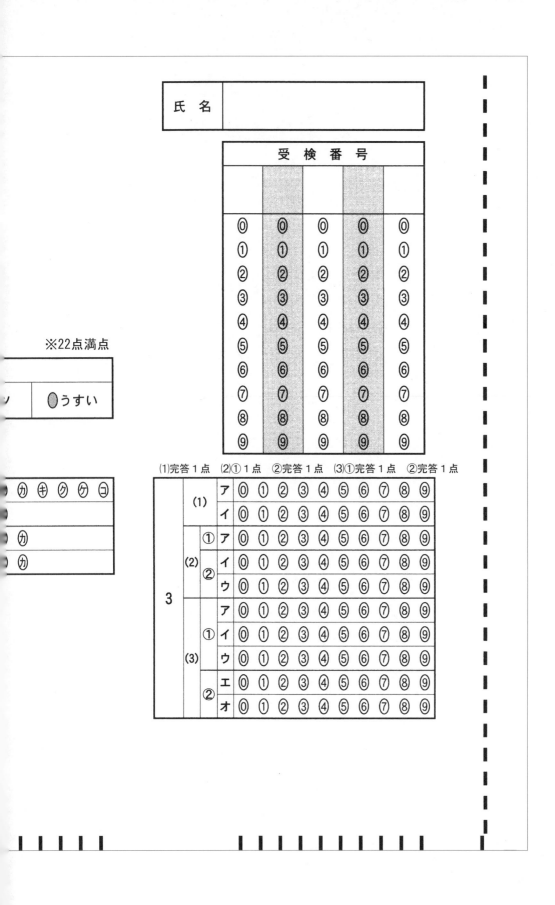

氏　名	

受　検　番　号				
⓪	⓪	⓪	⓪	⓪
①	①	①	①	①
②	②	②	②	②
③	③	③	③	③
④	④	④	④	④
⑤	⑤	⑤	⑤	⑤
⑥	⑥	⑥	⑥	⑥
⑦	⑦	⑦	⑦	⑦
⑧	⑧	⑧	⑧	⑧
⑨	⑨	⑨	⑨	⑨

※22点満点

ノ	●うすい

答２点

㋕ ㋖ ㋗

⑴完答１点　⑵１点　⑶１点　⑷１点

5	(1)	①	㋐ ㋑ ㋒ ㋓ ㋔ ㋕
		②	㋐ ㋑ ㋒ ㋓ ㋔ ㋕
	(2)		㋐ ㋑ ㋒ ㋓
	(3)		㋐ ㋑ ㋒ ㋓
	(4)		㋐ ㋑ ㋒ ㋓

⑴１点　⑵１点　⑶１点

6	(1)	㋐ ㋑ ㋒ ㋓ ㋔ ㋕ ㋖ ㋗
	(2)	㋐ ㋑ ㋒ ㋓
	(3)	㋐ ㋑ ㋒ ㋓

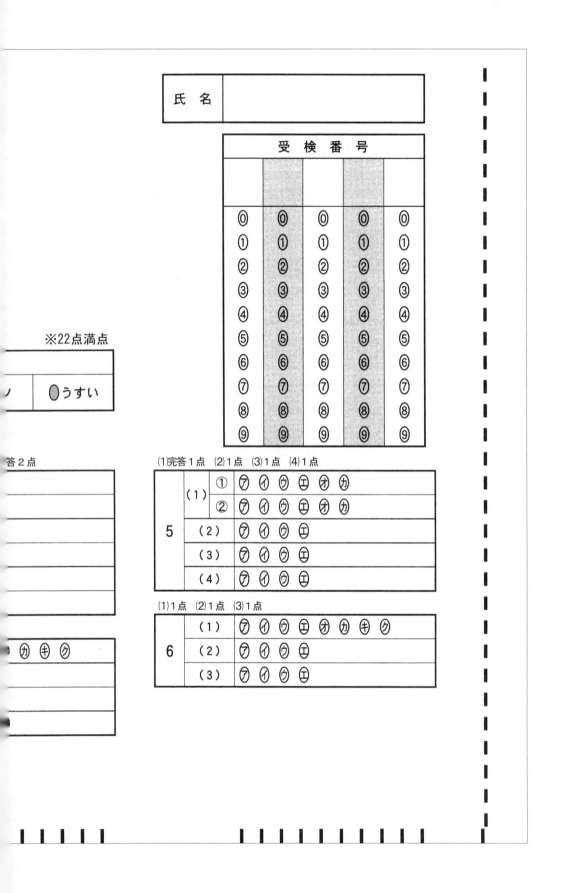

氏　名	

受　検　番　号				
⓪	⓪	⓪	⓪	⓪
①	①	①	①	①
②	②	②	②	②
③	③	③	③	③
④	④	④	④	④
⑤	⑤	⑤	⑤	⑤
⑥	⑥	⑥	⑥	⑥
⑦	⑦	⑦	⑦	⑦
⑧	⑧	⑧	⑧	⑧
⑨	⑨	⑨	⑨	⑨

※22点満点

ソ	●うすい

㋕ ㋖ ㋗ ㋘
㋕
㋕ ㋖ ㋗

点

㋕ ㋖
㋕ ㋖
㋕ ㋖
㋕ ㋖ ㋗ ㋘ ㋙
㋕ ㋖ ㋗

⑴１点　⑵１点　⑶１点　⑷１点

5	(1)	㋐ ㋑ ㋒ ㋓ ㋔ ㋕
	(2)	㋐ ㋑ ㋒ ㋓
	(3)	㋐ ㋑ ㋒ ㋓ ㋔ ㋕
	(4)	㋐ ㋑ ㋒ ㋓ ㋔ ㋕ ㋖ ㋗

⑴完答１点　⑵１点

6	(1)	ある日	㋐ ㋑ ㋒ ㋓ ㋔
		3日後	Ⓐ Ⓑ Ⓒ
	(2)		㋐ ㋑ ㋒ ㋓

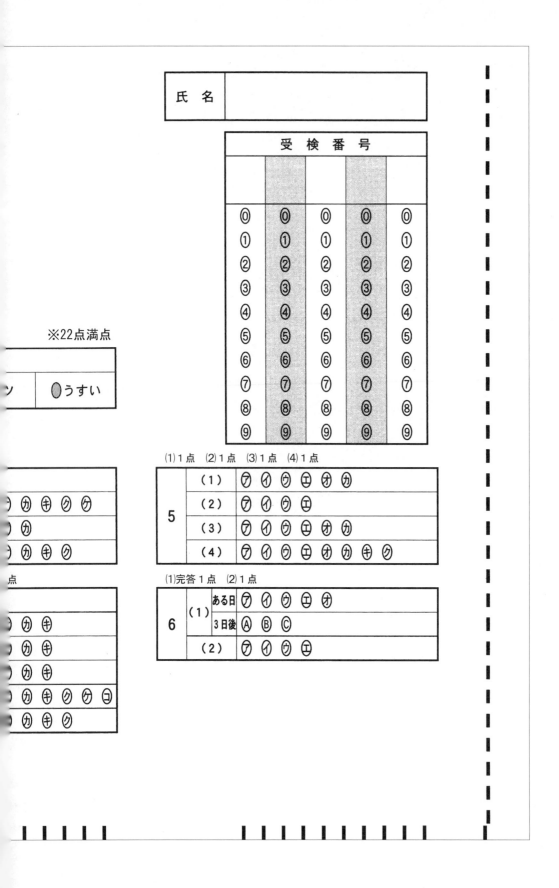

氏　名	

受検番号				
0	0	0	0	0
1	1	1	1	1
2	2	2	2	2
3	3	3	3	3
4	4	4	4	4
5	5	5	5	5
6	6	6	6	6
7	7	7	7	7
8	8	8	8	8
9	9	9	9	9

：合わせて22点満点

ン	うすい

完答１点

[誤]
[誤]
[誤]
[誤]
[誤]
[誤]
[誤]
[誤]

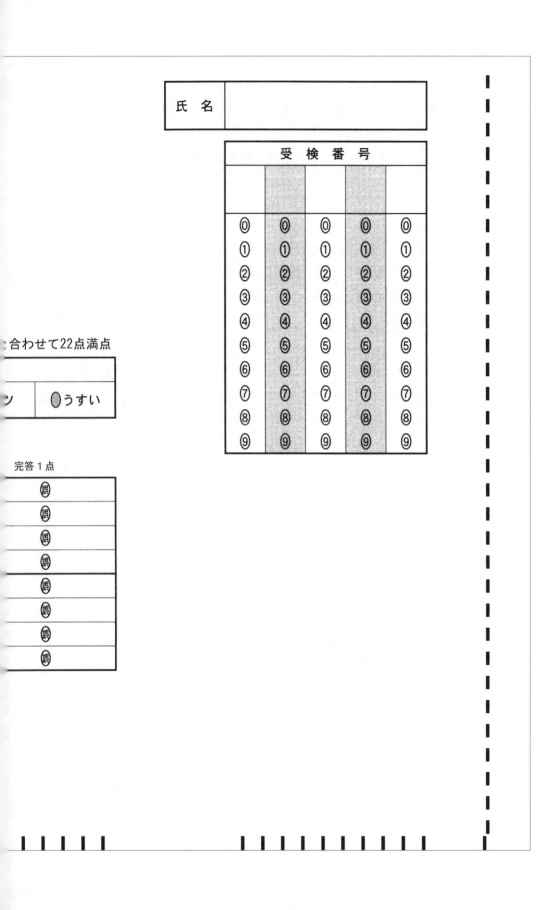

令和６年学力検査　解答用紙　　**第５時限**

外国語（英語）筆記検査

【解答上の注意】

1　ＨＢ以上の濃さの黒鉛筆（シャープペンシルも可）を使用すること。

2　マーク欄は、下の例を参考にして塗りつぶすこと。

3　訂正する場合は、消しゴムできれいに消し、消しくずを残さないこと。

4　解答用紙は、汚したり、折り曲げたりしないこと。

※聞き取

良い例
●

悪い例				
小さい	上だけ	線	丸囲み	

⑴１点　⑵１点　⑶１点

1	（１）	㋐　㋑　㋒　㋓
	（２）	㋐　㋑　㋒　㋓
	（３）	㋐　㋑　㋒　㋓

⑴１点　⑵完答２点

2	（１）		㋐　㋑　㋒　㋓
	（２）	１番目	㋐　㋑　㋒　㋓　㋔　㋕　㋖
		３番目	㋐　㋑　㋒　㋓　㋔　㋕　㋖
		５番目	㋐　㋑　㋒　㋓　㋔　㋕　㋖

⑴１点　⑵１点　⑶１点

3	（１）		㋐　㋑
	（２）		㋐　㋑
	（３）		㋐　㋑
	（４）		㋐　㋑
	（５）	①	㋐　㋑
		②	㋐　㋑

⑴①１点　②１点　⑵１点

4	（１）	①	㋐　㋑
		②	㋐　㋑
	（２）		㋐　㋑
	（３）		㋐　㋑
	（４）		㋐　㋑
			㋐　㋑

氏　名	

受　検　番　号				
⓪	⓪	⓪	⓪	⓪
①	①	①	①	①
②	②	②	②	②
③	③	③	③	③
④	④	④	④	④
⑤	⑤	⑤	⑤	⑤
⑥	⑥	⑥	⑥	⑥
⑦	⑦	⑦	⑦	⑦
⑧	⑧	⑧	⑧	⑧
⑨	⑨	⑨	⑨	⑨

：合わせて22点満点

ソ	うすい

⑸完答１点

⑷２点（１つ正解で１点）

㋕
㋕

令和６年学力検査　解答用紙　　**第５時限**

外国語（英語）聞き取り検査

【解答上の注意】

1　ＨＢ以上の濃さの黒鉛筆（シャープペンシルも可）を使用すること。
2　マーク欄は、下の例を参考にして塗りつぶすこと。
3　訂正する場合は、消しゴムできれいに消し、消しくずを残さないこと。
4　解答用紙は、汚したり、折り曲げたりしないこと。

※筆

良い例
●

悪い例			
小さい	上だけ	線	丸囲み

第１問　１番．完答１点　２番．完答１点　３番．完答１点

１番	a	正	誤
	b	正	誤
	c	正	誤
	d	正	誤
２番	a	正	誤
	b	正	誤
	c	正	誤
	d	正	誤
３番	a	正	誤
	b	正	誤
	c	正	誤
	d	正	誤

第２問　問１．完答１

問１	a	
	b	
	c	
	d	
問２	a	
	b	
	c	
	d	

令和６年学力検査　解答用紙　　第４時限

理　科

【解答上の注意】

1　ＨＢ以上の濃さの黒鉛筆（シャープペンシルも可）を使用すること。

2　マーク欄は、下の例を参考にして塗りつぶすこと。

3　訂正する場合は、消しゴムできれいに消し、消しくずを残さないこと。

4　解答用紙は、汚したり、折り曲げたりしないこと。

良い例
●

悪い例			
⊙小さい	◓上だけ	⦶線	○丸囲み

⑴１点　⑵１点

1	(1)	㋐ ㋑ ㋒ ㋓
	(2)	㋐ ㋑ ㋒ ㋓ ㋔ ㋕

⑴１点　⑵１点　⑶１点　⑷完答１点

2	(1)		㋐ ㋑ ㋒ ㋓ ㋔ ㋕
	(2)		㋐ ㋑ ㋒ ㋓
	(3)		㋐ ㋑ ㋒ ㋓ ㋔ ㋕
	(4)	Ⅰ	ⓐ ⓑ ⓒ ⓓ ⓔ
		Ⅱ	㋐ ㋑ ㋒

⑴１点　⑵１点　⑶１点

3	(1)	㋐ ㋑
	(2)	㋐ ㋑
	(3)	㋐ ㋑
	(4)	㋐ ㋑

⑴１点　⑵完答１点　⑶

4	(1)		㋐ ㋑
	(2)	Ⅰ	㋐ ㋑
		Ⅱ	㋐ ㋑
		Ⅲ	㋐ ㋑
	(3)		㋐ ㋑
	(4)		㋐ ㋑

令和６年学力検査　解答用紙　**第３時限**

社　　会

【解答上の注意】

1　ＨＢ以上の濃さの黒鉛筆（シャープペンシルも可）を使用すること。

2　マーク欄は、下の例を参考にして塗りつぶすこと。

3　訂正する場合は、消しゴムできれいに消し、消しくずを残さないこと。

4　解答用紙は、汚したり、折り曲げたりしないこと。

良い例
●

悪い例			
小さい	上だけ	線	丸囲み

⑴完答１点　⑵１点　⑶１点

1	(1)	できごと	㋐ ㋑ ㋒ ㋓
		場所	Ⓐ Ⓑ Ⓒ Ⓓ
	(2)		㋐ ㋑ ㋒ ㋓ ㋔ ㋕ ㋖ ㋗
	(3)		㋐ ㋑ ㋒ ㋓

⑴完答１点　⑵１点　⑶１点　⑷１点

2	(1)	A	㋐ ㋑ ㋒ ㋓
		B	ⓐ ⓑ ⓒ ⓓ
	(2)		㋐ ㋑ ㋒ ㋓ ㋔ ㋕
	(3)		㋐ ㋑ ㋒ ㋓
	(4)		㋐ ㋑ ㋒ ㋓

⑴１点　⑵１点　⑶完答

3	(1)		㋐ ㋑
	(2)		㋐ ㋑
	(3)	①	㋐ ㋑
		②	ⓐ ⓑ
	(4)	津波	㋐ ㋑
		火山災害	㋐ ㋑

⑴１点　⑵完答１点　⑶

4	(1)		㋐ ㋑
	(2)	a	㋐ ㋑
		c	㋐ ㋑
	(3)		㋐ ㋑

令和６年学力検査　解答用紙　**第２時限**

数　　学

【解答上の注意】

1　ＨＢ以上の濃さの黒鉛筆（シャープペンシルも可）を使用すること。
2　マーク欄は、下の例を参考にして塗りつぶすこと。
3　訂正する場合は、消しゴムできれいに消し、消しくずを残さないこと。
4　解答用紙は、汚したり、折り曲げたりしないこと。

良い例
●

悪い例			
小さい	上だけ	線	丸囲み

(1) 1 点　(2) 1 点　(3) 1 点　(4) 1 点　(5) 1 点
(6) 1 点　(7) 1 点　(8)完答 1 点　(9) 1 点　(10) 1 点

1	(1)	㋐ ㋑ ㋒ ㋓
	(2)	㋐ ㋑ ㋒ ㋓
	(3)	㋐ ㋑ ㋒ ㋓
	(4)	㋐ ㋑ ㋒ ㋓
	(5)	㋐ ㋑ ㋒ ㋓
	(6)	㋐ ㋑ ㋒ ㋓
	(7)	㋐ ㋑ ㋒ ㋓
	(8)	㋐ ㋑ ㋒ ㋓ ㋔ ㋕
		㋐ ㋑ ㋒ ㋓ ㋔ ㋕
	(9)	㋐ ㋑ ㋒ ㋓
	(10)	㋐ ㋑ ㋒ ㋓

(1) 2 点　(2) 2 点　(3)① 1 点

2	(1)		㋐ ㋑
	(2)		㋐ ㋑
	(3)	①	㋐ ㋑
		②	㋐ ㋑

令和６年学力検査　解答用紙　**第１時限**

国　　語

【解答上の注意】

1　ＨＢ以上の濃さの黒鉛筆（シャープペンシルも可）を使用すること。

2　マーク欄は、下の例を参考にして塗りつぶすこと。

3　訂正する場合は、消しゴムできれいに消し、消しくずを残さないこと。

4　解答用紙は、汚したり、折り曲げたりしないこと。

良い例
●

悪い例			
⊙小さい	上だけ	線	丸囲み

㈠１点　㈡１点　㈢１点　㈣１点
㈤３点（二番目が正解で１点，四番目と六番目がともに正解で２点）
㈥２点（１つ正解で１点）

一	(一)		㋐ ㋑ ㋒ ㋓
	(二)		㋐ ㋑ ㋒ ㋓
	(三)		㋐ ㋑ ㋒ ㋓
	(四)		㋐ ㋑ ㋒ ㋓
	(五)	二番目	㋐ ㋑ ㋒ ㋓ ㋔ ㋕
		四番目	㋐ ㋑ ㋒ ㋓ ㋔ ㋕
		六番目	㋐ ㋑ ㋒ ㋓ ㋔ ㋕
	(六)		㋐ ㋑ ㋒ ㋓ ㋔ ㋕
			㋐ ㋑ ㋒ ㋓ ㋔ ㋕

㈠完答１点　㈡１点　㈢１点

二	(一)	①	㋐ ㋑ ㋒ ㋓
		②	㋐ ㋑ ㋒ ㋓
	(二)		㋐ ㋑ ㋒ ㋓
	(三)		㋐ ㋑ ㋒ ㋓

㈠完答１点　㈡１点　㈢１
㈤２点（１つ正解で１点）

三	(一)	㋐ ㋑
		㋐ ㋑
		㋐ ㋑
	(二)	㋐ ㋑
	(三)	㋐ ㋑
	(四)	㋐ ㋑
		㋐ ㋑
	(五)	㋐ ㋑
		㋐ ㋑

㈠１点　㈡１点　㈢１点

四	(一)	㋐ ㋑
	(二)	㋐ ㋑
	(三)	㋐ ㋑
	(四)	㋐ ㋑

※教英出版注
音声は，解答集の書籍ＩＤ番号を
教英出版ウェブサイトで入力して
聴くことができます。

令和６年学力検査　外国語（英語）聞き取り検査の台本　　全日制課程

（聞き取り検査指示）

これから英語の聞き取り検査を行います。「始め」という指示で、すぐこの表紙に受検番号を書きなさい。続いて、解答用紙に氏名と受検番号を書き、受検番号については、マーク欄も塗りつぶしなさい。なお、「始め」という指示のあと、次の指示があるまで１分、時間があります。では、「始め」。（１分）

それでは、聞き取り検査の説明をします。問題は第１問と第２問の二つに分かれています。第１問、第２問ともに、問いに対する答えとして正しいものはマーク欄の「正《せい》」の文字を、誤っているものはマーク欄の「誤《ご》」の文字を、それぞれ塗りつぶしなさい。正しいものは、各問いについて一つしかありません。

第１問。

第１問は、１番から３番までの三つあります。それぞれについて、対話と、対話についての問い、問いに対する答えを聞きます。そのあと、もう一度、繰り返します。必要があれば、メモをとってもよろしい。それでは、聞きます。

（第１問）

１番

Clerk: Good evening.　Is there anything I can do for you?

Man: Well, I don’t have a reservation, but do you have a room for tonight?

Clerk: Just a moment, please.

Question: Where are they talking?

a　They are talking at a hotel.

b　They are talking at home.

c　They are talking in a classroom.

d　They are talking at a station.

それでは、もう一度聞きます。

２番

Dave: Jane, your performance was really awesome!

Jane: Thanks, Dave.　I’m glad to hear that.

Dave: When did you start playing the piano?

Question: What will Jane say next?

a　I don’t have a piano.

b　Every day after school.

c　You can play the piano, too.

d　About 10 years ago.

それでは、もう一度聞きます。

(3)　文章中では、オンラインで会うことについてどのように述べられているか。最も適当なものを、次の**ア**から**エ**までの中から選びなさい。

ア　Online meetings will be less effective than face-to-face meetings.

イ　Online meetings and face-to-face meetings have the same strong points.

ウ　Online meetings appeared thanks to the progress of information technology.

エ　Online meetings have a longer history than face-to-face meetings.

(4)　次の**ア**から**エ**までの中から、その内容が文章中に書かれていることと一致するものを一つ選びなさい。

ア　The internet will be necessary for face-to-face meetings, too.

イ　Face-to-face meetings are disappearing because of online meetings.

ウ　Our meetings will be more effective and impressive than now.

エ　Face-to-face meetings may damage our health if they are too long.

(5)　次の［メモ］は、この文章を読んだ生徒がオンラインで会うことと対面で会うことについて、英語で発表するために作成したものの一部です。【　①　】、【　②　】のそれぞれにあてはまる最も適当なものを、あとの**ア**から**エ**までの中から選びなさい。

［メモ］

○【　①　】

Online meetings

・We turn on a computer at home and then other people appear in front of us.

Face-to-face meetings

・We stay together in the same place during the meeting.

○【　②　】

Online meetings

・We can save time and money to go to the place for a meeting.

・We can communicate with people in foreign countries with little effort.

Face-to-face meetings

・We don't need electronic devices.

・We don't have to worry about the trouble of the internet.

○ Closing

・We can choose an online meeting or a face-to-face meeting by their strong points.

①	**ア**　History	**イ**　Features	**ウ**　Reasons	**エ**　Questions
②	**ア**　Strong points	**イ**　Near future	**ウ**　Accidents	**エ**　Challenges

4　アメリカに留学中の早紀（Saki）が、月曜日の授業後に、同じクラスのアリア（Aria）と話しています。次の対話文を読んで、あとの(1)から(4)までの問いに答えなさい。

Saki: We're going to visit the history museum this Saturday.　How should we go?

Aria: ＿＿①＿＿ don't we go by bike?　It takes about an hour, but we can enjoy seeing a lot of beautiful flowers through the park.

Saki: (　**A**　), but it's tough for me.　How about going by train?

Aria: If we take a train, we need 20 minutes to get there.

Saki: Sounds good.　How much is the train fare?

Aria: Let me see....　It's four dollars.　So you need to pay eight dollars to go there and come back.　And I'm sure that we can get seats on the train.

Saki: That's nice, but it's a little expensive for me.　Aria, can we take a bus?

Aria: Yes.　The bus fare is just half of the train fare.　But the bus is usually more crowded than the train.

Saki: Oh, I see.　How long does it take by bus?

Aria: About 30 minutes.　The bus stops just in front of the history museum.

Saki: That's also nice.　Aria, please let me decide how to go there.

Aria: OK.　You may decide it.

Saki: Thank you.　Please give me some ＿＿②＿＿ to think about it.

Aria: Of course, please let me know by Friday.　And Saki, on the evening of that day, my parents are planning to have dinner with us at a restaurant.

Saki: Wow.　It's so amazing!

(1)　対話文中の下線部①、②にあてはまる最も適当なものを、それぞれ次のアからエまでの中から選びなさい。

①　ア　What　　イ　Why　　ウ　When　　エ　Where

②　ア　time　　イ　money　　ウ　information　　エ　people

(2)　対話文中の（　**A**　）にあてはまる最も適当なものを、次のアからエまでの中から選びなさい。

ア　I see what you mean　　イ　My bike has a problem

ウ　I'm sorry I can't　　エ　I want to go there by car

(3)　早紀は、アリアから聞いた話を次の表のようにまとめました。表の中の【　X　】から【　Z　】までのそれぞれに、あとの**ア**から**エ**までをあてはめるとき、【　Z　】にあてはまる最も適当なものを選びなさい。ただし、いずれにもあてはまらないものが一つある。

Transportation	Bike	Train	Bus
Time	60 min.	20 min.	30 min.
Fare	No fare	$ 8 (round-trip)	$ 4 (round-trip)
Note	【　X　】	【　Y　】	【　Z　】

ア　It's probably not so crowded.
イ　We have beautiful views on the way.
ウ　It's easy to have dinner at the restaurant.
エ　We don't need to walk a lot from the stop.

(4)　アリアは、土曜日の晩に食事を予定しているレストランのウェブページを見ています。次の各表はその一部です。それぞれから読み取れることを正しく表しているものを、あとの**ア**から**カ**までの中から<u>二つ選びなさい</u>。ただし、マーク欄は１行につき一つだけ塗りつぶすこと。

Open Hours

LUNCH	From Monday to Friday	11:00 a.m. — 2:00 p.m.
	Saturday and Sunday	11:00 a.m. — 2:30 p.m.
DINNER	From Monday to Thursday	6:00 p.m. — 9:00 p.m.
	From Friday to Sunday	5:30 p.m. — 10:00 p.m.

Menu

	Fried chicken	Curry and rice	Spaghetti	Grilled fish	Steak
LUNCH	$ 10	$ 12	$ 13	$ 16	$ 20
DINNER	$ 12	$ 14	$ 15	$ 18	$ 22

※All meals come with soup, seasonal vegetables, and coffee or tea.

ア　The dinner on Wednesday begins at 5:30 p.m. and ends at 10:00 p.m.
イ　The restaurant which Aria will visit opens for lunch at the same time every day.
ウ　On Saturday evening, Aria cannot enter the restaurant before 6:00 p.m.
エ　If Aria wants to have a fried chicken for dinner, she needs to pay 10 dollars.
オ　The price of grilled fish for lunch is higher than the price of spaghetti for dinner.
カ　If Aria has a steak, she receives soup, a salad, ice cream, and coffee or tea.

（問題はこれで終わりです。）

メモ欄（必要があれば、メモをとってもよろしい。）

〔実験３〕　①　〔実験２〕と同じ電気分解装置にうすい塩酸を満たし、導線で電源装置と接続した。
②　電気分解装置に10分間電流を流した後、電気分解装置からうすい塩酸4.0cm³を取り出した。
③　②で取り出したうすい塩酸に、うすい水酸化ナトリウム水溶液を加えて中性にした。
④　電流を流す時間を15分間に、また、電気分解装置から取り出すうすい塩酸の体積を8.0cm³に変えて、①から③までと同じことを行った。
⑤　電流を流す時間を20分間に、また、電気分解装置から取り出すうすい塩酸の体積を6.0cm³に変えて、①から③までと同じことを行った。

表は、〔実験３〕で、電気分解装置から取り出したうすい塩酸を中性にするために加えたうすい水酸化ナトリウム水溶液の体積をまとめたものである。

表

電流を流す時間〔分〕	電気分解装置から取り出したうすい塩酸の体積〔cm³〕	加えたうすい水酸化ナトリウム水溶液の体積〔cm³〕
10	4.0	5.0
15	8.0	9.0
20	6.0	6.0

次の(1)から(4)までの問いに答えなさい。

(1)　〔実験１〕の③で、付着した銅と発生した気体について説明した文として最も適当なものを、次の**ア**から**エ**までの中から選びなさい。

ア　炭素棒Aに銅が付着し、炭素棒B付近からは水素が発生した。
イ　炭素棒Aに銅が付着し、炭素棒B付近からは塩素が発生した。
ウ　炭素棒Bに銅が付着し、炭素棒A付近からは水素が発生した。
エ　炭素棒Bに銅が付着し、炭素棒A付近からは塩素が発生した。

(2)　電流の大きさと電流を流す時間をさまざまに変えて、〔実験１〕と同じことを行った。塩化銅0.95gが分解する電流の大きさと電流を流す時間の組み合わせとして最も適当なものを、次の**ア**から**ケ**までの中から選びなさい。ただし、〔実験１〕に用いた塩化銅は、銅と塩素が９：10の質量の比で化合しているものとする。

ア　1.0A、5分　　**イ**　1.0A、15分　　**ウ**　1.0A、25分
エ　1.5A、5分　　**オ**　1.5A、15分　　**カ**　1.5A、25分
キ　2.0A、5分　　**ク**　2.0A、15分　　**ケ**　2.0A、25分

(3)　〔実験２〕の②で、電極D付近から発生した気体の体積が2.0cm³であったとき、電極C付近から発生した気体とその体積について述べた文として最も適当なものを、次の**ア**から**カ**までの中から選びなさい。

ア　電極C付近から発生した気体は水素で、その体積は1.0cm³である。
イ　電極C付近から発生した気体は水素で、その体積は2.0cm³である。
ウ　電極C付近から発生した気体は水素で、その体積は4.0cm³である。
エ　電極C付近から発生した気体は酸素で、その体積は1.0cm³である。
オ　電極C付近から発生した気体は酸素で、その体積は2.0cm³である。
カ　電極C付近から発生した気体は酸素で、その体積は4.0cm³である。

(4)　〔実験３〕で用いた電流を流す前のうすい塩酸10.0cm³を中性にするために必要なうすい水酸化ナトリウム水溶液の体積は何cm³か。最も適当なものを、次の**ア**から**ク**までの中から選びなさい。

ア　2.5cm³　　**イ**　5.0cm³　　**ウ**　7.5cm³　　**エ**　10.0cm³
オ　12.5cm³　　**カ**　15.0cm³　　**キ**　17.5cm³　　**ク**　20.0cm³

4 物体が水から受ける力について調べるため、次の〔実験１〕から〔実験３〕までを行った。ただし、糸の質量は無視できるものとする。

〔実験１〕 ① 重さ12.0Nの直方体である物体Aの上面に糸を取り付け、ばねばかりにつるした。

② ビーカーを用意し、ビーカーに水を入れた。

③ **図１**のように、ばねばかりにつるした物体Aの底面が水平になるようにして、底面を水面の位置に合わせた。

④ 次に、物体Aをビーカーにふれないように、底面と水面が平行な状態を保って、**図２**のように水面から底面までの深さが6.0cmとなる位置まで沈めながら、ばねばかりの示す値を測定した。

図１

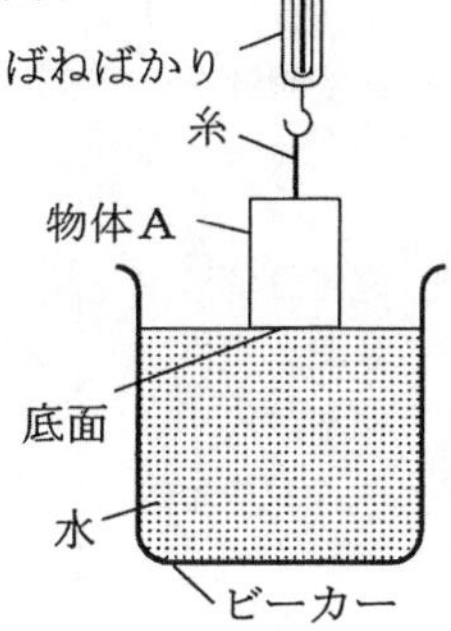

図２

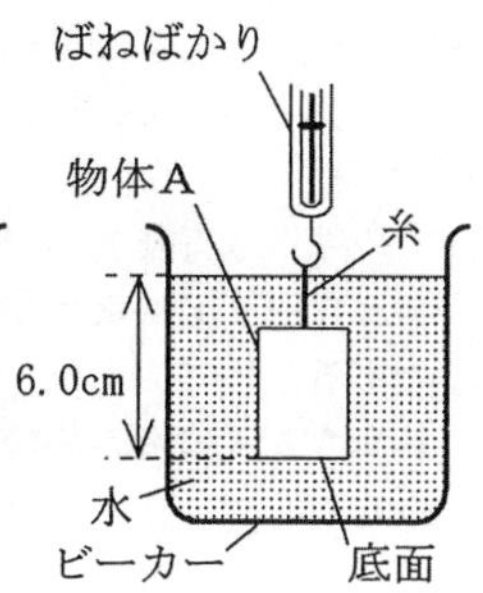

表は、〔実験１〕の結果をまとめたものである。

表

水面から物体Aの底面までの深さ〔cm〕	1.0	2.0	3.0	4.0	5.0	6.0
ばねばかりが示す値〔N〕	10.0	8.0	6.0	4.0	2.2	2.2

〔実験２〕 ① 質量の無視できる長さ24cmの棒、物体B、〔実験１〕と同じ物体Aを用意した。

② 棒の一端に物体Aを、他端に物体Bを糸で取り付けた。

③ **図３**のように、物体Aをつるした端から16cmの点で棒を糸でつるし、棒が水平になるように手で支えた。

④ 棒を支えている手を静かにはなし、棒のようすを観察した。

⑤ 棒をつるす糸の位置をかえた。

⑥ **図４**のように、ビーカーに水を入れ、物体Aを2.0cmだけビーカーの水に沈め、棒が水平になるように手で支えた。

⑦ 棒を支えている手を静かにはなし、棒のようすを観察した。

図３

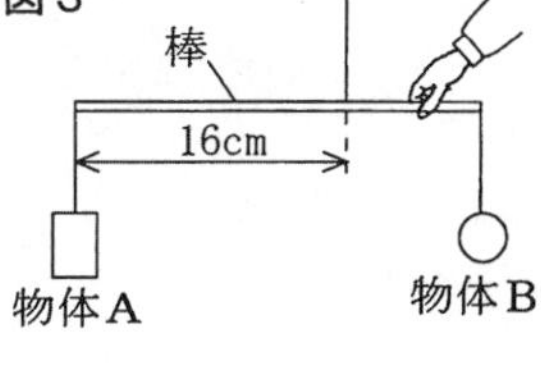

図４

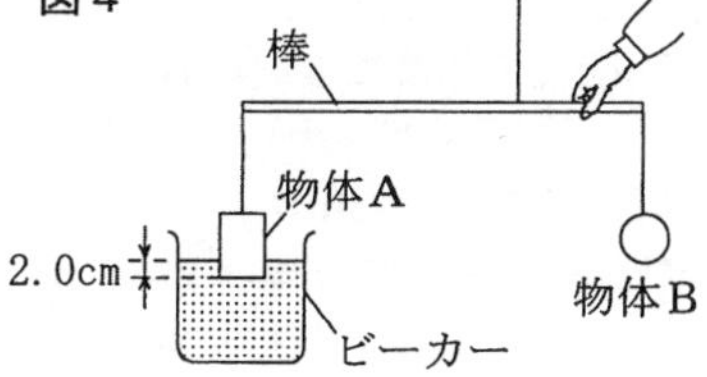

〔実験２〕の④の結果、棒は水平のまま静止した。

〔実験２〕の⑦の結果、棒は水平のまま静止した。

〔実験３〕 ① 重さ17.0Nの物体Ｃを用意し、**図５**のように、水そうの水に浮かべた。

② 水そう、水、定滑車、糸、ばねばかりを用いて、**図６**のような装置をつくった。

③ 物体Ｃが水中で静止するようにばねばかりを引き上げて、ばねばかりの示す値を記録した。

図５

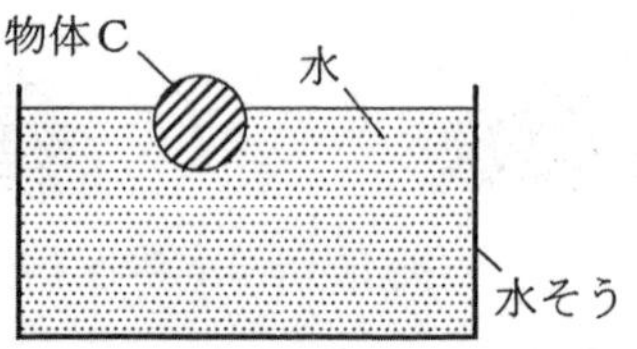

図６

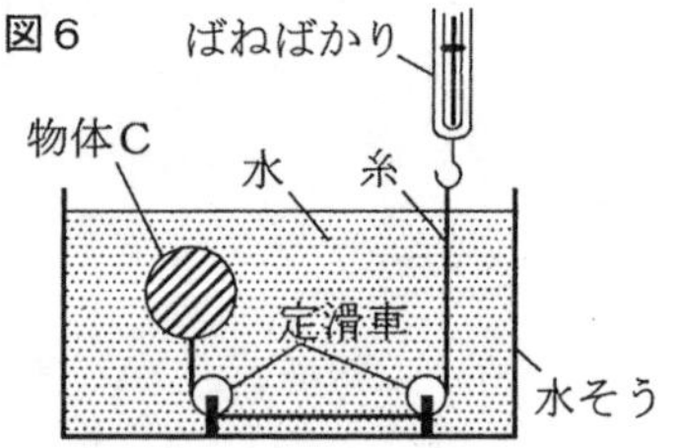

〔実験３〕の③の結果、ばねばかりは3.0Nを示した。

次の(1)から(4)までの問いに答えなさい。

(1) 〔実験１〕で、水面から物体**Ａ**の底面までの深さが4.0cmになったとき、物体**Ａ**にはたらく浮力はどちら向きか。また、浮力の大きさは何Ｎか。その組み合わせとして最も適当なものを、次の**ア**から**エ**までの中から選びなさい。

ア 上向き、4.0N　**イ** 上向き、8.0N　**ウ** 下向き、4.0N　**エ** 下向き、8.0N

(2) 次の文章は、水圧と浮力について述べたものである。文章中の（ Ⅰ ）から（ Ⅲ ）までにあてはまるものとして最も適当なものを、下の**ア**から**キ**までの中からそれぞれ選びなさい。なお、文章中の２か所の（ Ⅰ ）には同じものがあてはまる。

> 〔実験１〕のように、物体を水中に入れると、物体は水圧を受ける。一般に、水圧の大きさと水面からの深さの間には、水圧は（ Ⅰ ）という関係がある。このため、物体の一部が水から出ている間は、浮力と深さの間には、浮力は（ Ⅰ ）という関係が成り立つ。
> 　その後、物体全体が水中に入ると、浮力は直方体の底面と上面に加わる力の差によって生じるため、浮力は（ Ⅱ ）。
> 　これらのことから、〔実験１〕に用いた物体Ａの高さは（ Ⅲ ）であると考えられる。

ア 深いほど大きい　**イ** 深いほど小さい　**ウ** 深さに関係なく一定である
エ 4.5cm　**オ** 4.7cm　**カ** 4.9cm　**キ** 5.1cm

(3) 〔実験２〕の⑦で棒が水平で静止したとき、棒を糸でつるしていた点は、物体**Ａ**をつるした端から何cmのところか。最も適当なものを、次の**ア**から**コ**までの中から選びなさい。

ア 11cm　**イ** 12cm　**ウ** 13cm　**エ** 14cm　**オ** 15cm
カ 16cm　**キ** 17cm　**ク** 18cm　**ケ** 19cm　**コ** 20cm

(4) 〔実験３〕の結果から、**図５**のように物体**Ｃ**が水に浮かんで静止しているとき、物体**Ｃ**の水面より上にある部分の体積は、物体**Ｃ**全体の何％か。最も適当なものを、次の**ア**から**ク**までの中から選びなさい。

ア 3.0％　**イ** 5.7％　**ウ** 10％　**エ** 14％
オ 15％　**カ** 17％　**キ** 20％　**ク** 25％

5 火山の形と火成岩の性質の関係を調べるため、次の〔観察1〕から〔観察3〕までと〔実験〕を行った。

〔観察1〕 いろいろな火山を観察し、火山の形でA「傾斜がゆるやかな形」、B「円すい形」、C「おわんをふせた形（ドーム形）」の3種類に分類した。

図1は、AからCまでの火山の形を模式的に表したものである。

図1

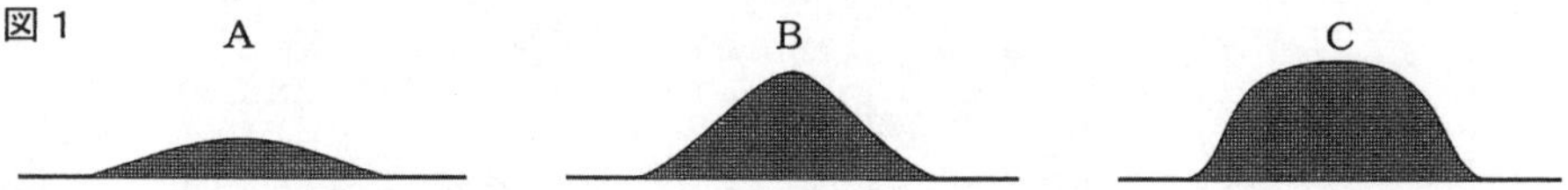

〔観察2〕 ① 〔観察1〕でA、B、Cに分類した火山の中から一つずつ選んで、それぞれの火山から火成岩を1種類採集した。

② ①で採集した火成岩に含まれる無色鉱物および有色鉱物の割合と、有色鉱物の種類を調べた。

表1は、〔観察2〕の①で採集した3種類の火成岩について、無色鉱物と有色鉱物の割合と、最も多く含まれる有色鉱物をまとめたものである。なお、3種類の火成岩を無色鉱物の割合の大きい順にあ、い、うとした。

表1

火成岩	無色鉱物の割合〔%〕	有色鉱物の割合〔%〕	最も多く含まれる有色鉱物
あ	90.0	10.0	黒雲母
い	80.0	20.0	角セン石
う	60.0	40.0	輝石

〔観察3〕 ① 〔観察1〕でCに分類したある火山から、さらにいくつかの火成岩を採集した。

② ①で採集した火成岩の一面を磨き、ルーペで観察した。

〔観察3〕では、図2のDのようなつくりをもつ火成岩と、Eのようなつくりをもつ火成岩が観察された。

図2

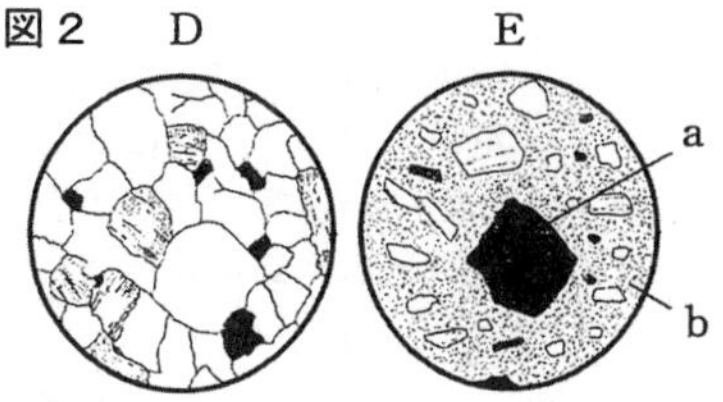

〔実験〕 ① 同じ大きさのペトリ皿W、X、Y、Zを用意した。

② 水100ｇにミョウバン50ｇをすべてとかして60℃の水溶液をつくり、60℃にあたためたペトリ皿W、Xに半分ずつ入れた。

③ 水100ｇにミョウバン30ｇをすべてとかして60℃の水溶液をつくり、60℃にあたためたペトリ皿Y、Zに半分ずつ入れた。

④ ②、③のペトリ皿W、X、Y、Zを、表2のように条件を変えて冷やし、冷やしはじめてから60分後のミョウバンの結晶のようすを観察した。

表2

	条件
ペトリ皿W、Y	60℃の湯の入った水そうに浮かべ、小さな結晶が十数個できた後、氷水の入った水そうに浮かべて放置する。
ペトリ皿X、Z	60℃の湯の入った水そうに浮かべて放置する。

表3は、〔実験〕で観察されたミョウバンの結晶のようすをまとめたものである。

表3

	ミョウバンの結晶のようす
ペトリ皿W、Y	やや大きな結晶と、そのまわりをうめる小さな結晶ができた。
ペトリ皿X、Z	同じくらいの大きさの、大きな結晶ができた。

次の(1)から(4)までの問いに答えなさい。

(1) 次の文章は、〔観察1〕でAに分類される火山のマグマと、〔観察2〕で調べた火成岩について述べたものである。文章中の（　Ⅰ　）と（　Ⅱ　）のそれぞれにあてはまる語の組み合わせとして最も適当なものを、下の**ア**から**カ**までの中から選びなさい。

図1のAに分類される火山のマグマは、B、Cに分類される火山のマグマと比べ、ねばりけが（　Ⅰ　）。ねばりけの強さにより火成岩の色が異なることがわかっており、〔観察2〕でAに分類される火山から採集された火成岩に最も多く含まれる有色鉱物は（　Ⅱ　）である。

ア　Ⅰ：強い　Ⅱ：黒雲母　　**イ**　Ⅰ：強い　Ⅱ：角セン石　　**ウ**　Ⅰ：強い　Ⅱ：輝石
エ　Ⅰ：弱い　Ⅱ：黒雲母　　**オ**　Ⅰ：弱い　Ⅱ：角セン石　　**カ**　Ⅰ：弱い　Ⅱ：輝石

(2) 次の文章は、〔観察3〕で観察された火成岩のうちのEのつくりについて述べたものである。文章中の（　Ⅰ　）から（　Ⅲ　）までのそれぞれにあてはまる語の組み合わせとして最も適当なものを、下の**ア**から**エ**までの中から選びなさい。

図2のEはaのような大きな鉱物の結晶のまわりを、bのようなごく小さな鉱物の集まりやガラス質のものが取り囲んでいる。このようなつくりを（　Ⅰ　）といい、aのような大きな鉱物の結晶を（　Ⅱ　）、bのようなガラス質の部分を（　Ⅲ　）という。

ア　Ⅰ：斑状組織　Ⅱ：斑晶　Ⅲ：石基　　**イ**　Ⅰ：斑状組織　Ⅱ：石基　Ⅲ：斑晶
ウ　Ⅰ：等粒状組織　Ⅱ：斑晶　Ⅲ：石基　　**エ**　Ⅰ：等粒状組織　Ⅱ：石基　Ⅲ：斑晶

(3) 次の文章は、〔実験〕について述べたものである。文章中の（　Ⅰ　）と（　Ⅱ　）にあてはまるものの組み合わせとして最も適当なものを、下の**ア**から**カ**までの中から選びなさい。なお、**図3**は、100 g の水にとけるミョウバンの質量と水の温度の関係を示したものである。

〔実験〕で、ペトリ皿XとZを比べると、結晶がはじめて出てくるときの水溶液の温度は、ペトリ皿（　Ⅰ　）の方が高かった。 また、〔実験〕で「結晶のつくりや大きさの違いが、冷え方の違いによるものである」ことを調べるためには、ペトリ皿Wと（　Ⅱ　）の結果を比べればよい。

ア　Ⅰ：X　Ⅱ：X　　**イ**　Ⅰ：X　Ⅱ：Y
ウ　Ⅰ：X　Ⅱ：Z　　**エ**　Ⅰ：Z　Ⅱ：X
オ　Ⅰ：Z　Ⅱ：Y　　**カ**　Ⅰ：Z　Ⅱ：Z

図3

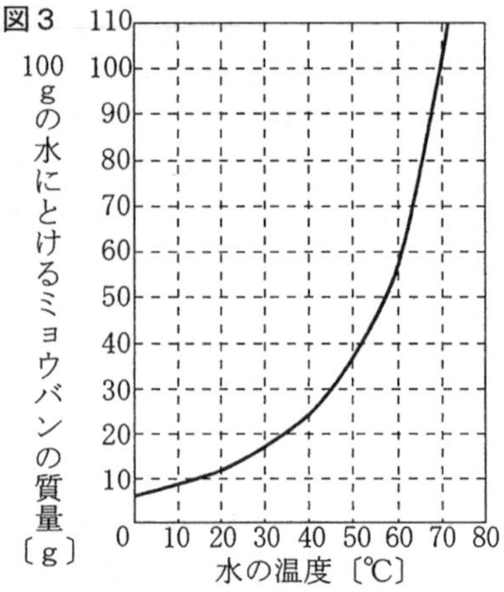

(4) 次の文章は、〔実験〕からわかることと、〔観察3〕で観察した火成岩が火山のどこでできたかについて考察したものである。文章中の（　Ⅰ　）から（　Ⅲ　）までにあてはまる語句の組み合わせとして最も適当なものを、下の**ア**から**ク**までの中から選びなさい。
なお、文章中の3か所の（　Ⅰ　）、2か所の（　Ⅱ　）には同じ語があてはまる。

〔実験〕の結果、物質が（　Ⅰ　）冷えることにより、大きさが同じくらいの大きな結晶が得られると考えられる。 このことから、〔観察3〕のDとEのうち、マグマが（　Ⅰ　）冷えてできた火成岩は（　Ⅱ　）だと考えられる。一般的に、地表付近に比べ、地下の深いところの方がマグマが（　Ⅰ　）冷えるため、（　Ⅱ　）は火山の（　Ⅲ　）でできたと考えられる。

ア　Ⅰ：ゆっくり　Ⅱ：D　Ⅲ：地表付近　　**イ**　Ⅰ：ゆっくり　Ⅱ：D　Ⅲ：地下の深いところ
ウ　Ⅰ：ゆっくり　Ⅱ：E　Ⅲ：地表付近　　**エ**　Ⅰ：ゆっくり　Ⅱ：E　Ⅲ：地下の深いところ
オ　Ⅰ：急速に　Ⅱ：D　Ⅲ：地表付近　　**カ**　Ⅰ：急速に　Ⅱ：D　Ⅲ：地下の深いところ
キ　Ⅰ：急速に　Ⅱ：E　Ⅲ：地表付近　　**ク**　Ⅰ：急速に　Ⅱ：E　Ⅲ：地下の深いところ

6 次の(1)、(2)の問いに答えなさい。

(1) **図1**は、ある日に愛知県から肉眼で見た月のようすを示している。このときの、月の地点**X**から見た地球のようすとして最も適当なものを、次の**ア**から**オ**までの中から選びなさい。また、この3日後に月から見た地球のようすとして最も適当なものを、下の**A**から**C**までの中から選びなさい。

ただし、次の**ア**から**オ**までは、肉眼で見たときのように示してある。

図1

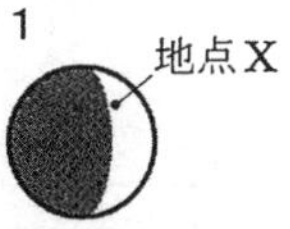

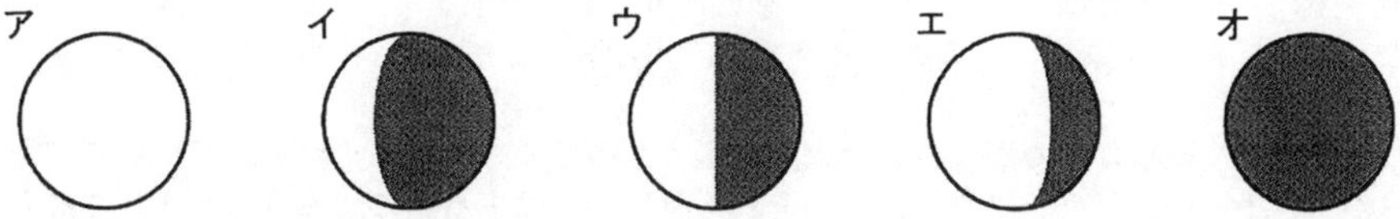

A　3日前と比べて満ちて見える。
B　3日前と比べて欠けて見える。
C　3日前と同じように見える。

(2) 植物の細胞の成長のようすを調べるため、次の〔観察〕を行った。

〔観察〕　① **図2**のように根が伸長したタマネギから根を1本切り取り、約60℃にあたためたうすい塩酸に1分間入れた後、水で洗った。

② **図3**のように、①で切り取った根を先端から1㎜ずつ切り、根の先端に近いものから順に切片A、B、C、D、E、F、G、H、I、Jとし、それぞれを別のスライドガラスにのせ、酢酸オルセイン液を1滴ずつ落とした。

③ 数分後、②のそれぞれのスライドガラスにカバーガラスをかけ、その上にろ紙をかぶせ、指で押しつぶして、プレパラートを作成した。

④ ③のそれぞれのプレパラートを、顕微鏡を同じ倍率にして観察し、視野の中に観察できた細胞を数えた。

図2

図3

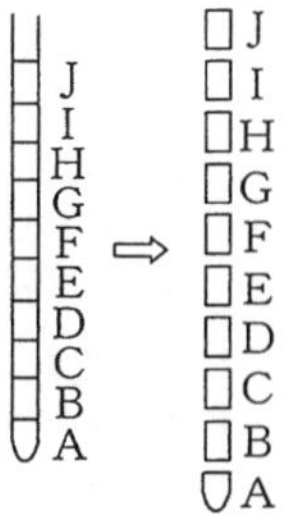

〔観察〕の結果、切片ごとに顕微鏡の視野の中に観察できた細胞の数を表したものとして最も適当なものを、次の**ア**から**エ**までの中から選びなさい。

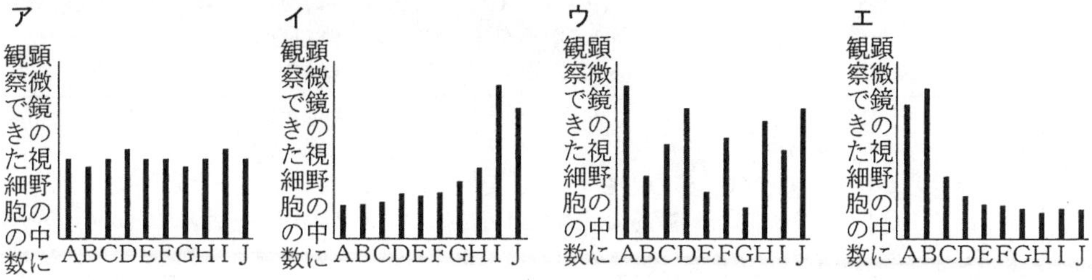

（問題はこれで終わりです。）

(2) Ⅱの略地図中の**ア**から**エ**までの中から、Ⅲの表のBの位置として最も適当なものを選びなさい。

(3) 次の文章は、生徒がⅣの写真について作成したレポートの一部である。文章中の（　①　）にあてはまることばとして最も適当なものを、下の**ア**から**ウ**までの中から選びなさい。また、（　②　）にあてはまることばとして最も適当なものを、下のaからcまでの中から選びなさい。

Pは修学旅行で訪れる予定地の一つである、佐世保湾の外側から平戸までの約25kmの海域に広がる九十九島の写真です。この海域には（　①　）リアス海岸と島々が織りなす美しい自然景観が広がっています。Qは、長崎市内で運行されている路面電車の写真です。この写真の車両は、（　②　）床面を低くして、入口の段差を小さくしています。このような車両を活用した交通システムはＬＲＴと呼ばれ、人と環境にやさしい公共交通として再評価されています。

ア　流れてきた土砂が扇形にたまった
イ　奥行きのある湾と岬が連続する
ウ　風で運ばれた砂が積もってできた

a　二酸化炭素排出量を抑えるために
b　バリアフリー化を進めるために
c　安価な運賃で運行するために

(4) 次の文章は、長崎県の災害について調べていた生徒と先生の会話の一部である。また、下の**ア**から**ウ**までの略地図は、地理院地図に示されている自然災害伝承碑のうち、それぞれ洪水、津波、火山災害のいずれかの自然災害伝承碑の位置を「●」で示したものである。津波の自然災害伝承碑と火山災害の自然災害伝承碑の位置を示した略地図として最も適当なものを、下の**ア**から**ウ**までの中からそれぞれ選びなさい。

生徒：雲仙岳の周辺を地理院地図で調べると、Ⅴの地図記号がありました。 先生：自然災害伝承碑の地図記号ですね。自然災害伝承碑には、過去に発生した自然災害に関して、その地点における災害のようすや被害の状況などが記載されています。 生徒：そうなのですね。さまざまな種類の自然災害がありますが、共通してこの地図記号を使っているのでしょうか。 先生：どの種類の自然災害にも共通の地図記号を使っています。雲仙岳では、1990年代に噴火に伴う火砕流で犠牲者が出たほか、江戸時代には山の一部が崩壊して、有明海になだれ込み、津波が発生しました。その津波は島原半島だけでなく、対岸にも達し、多くの人が犠牲になりました。また、洪水の被害は、河川沿いで数多く発生しています。これらの災害を伝承するため、各地に自然災害伝承碑が設けられているのです。

ア

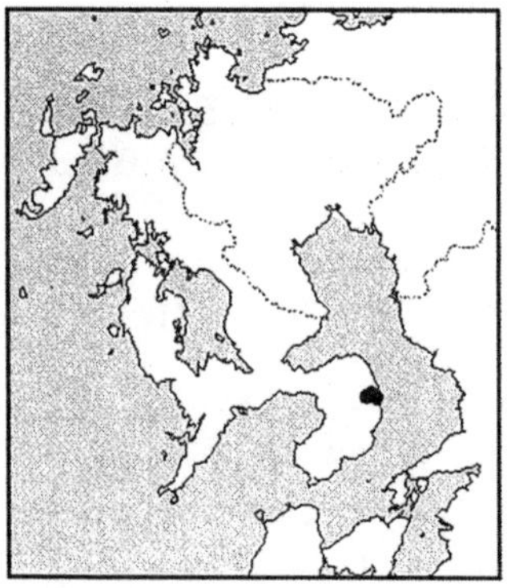

イ

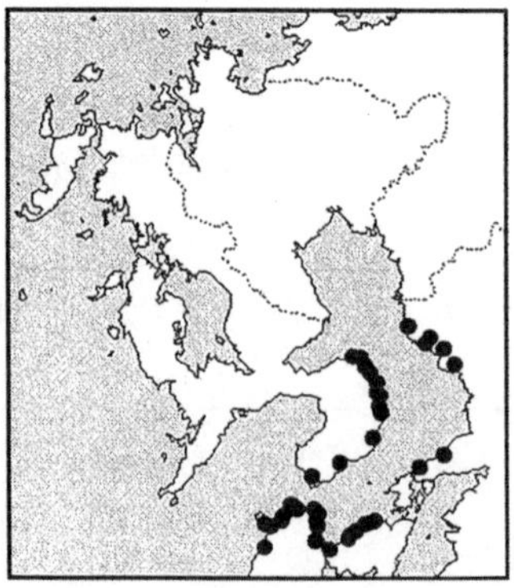

ウ

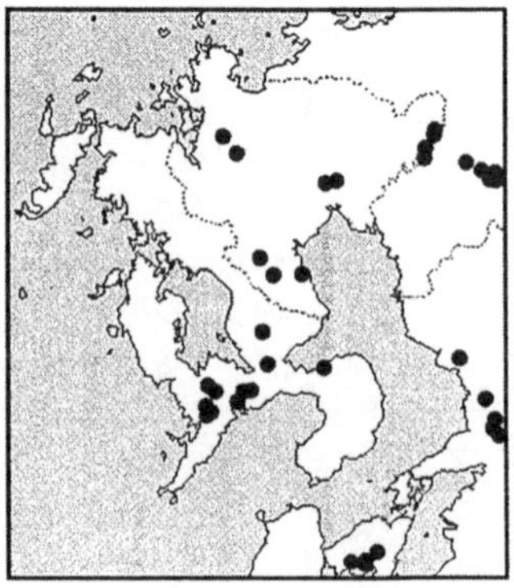

4　次のⅠからⅣまでの資料は、生徒が世界各地の気候や地形、さまざまな国のようすについてレポートを作成するために用意したものの一部である。あとの(1)から(3)までの問いに答えなさい。

なお、Ⅰの略地図中の都市XとYは、緯線Zとほぼ同じ緯度上に位置しており、Ⅱの略地図中のA、B、C、Dは緯線を示している。また、ⅢのP、Qのグラフは、Ⅰの略地図中の都市X、Yのいずれかのものである。

Ⅰ　略地図

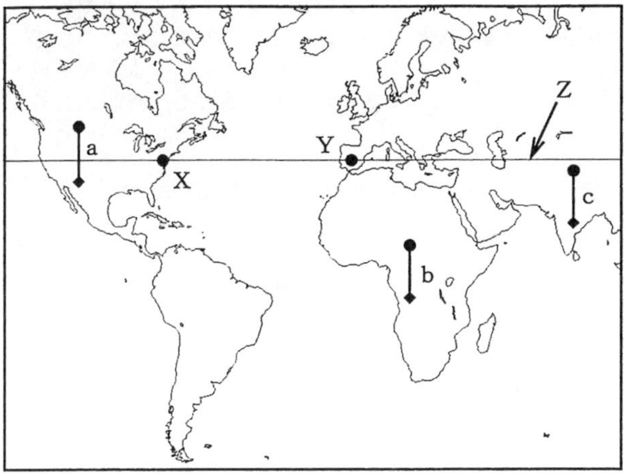

Ⅱ　略地図

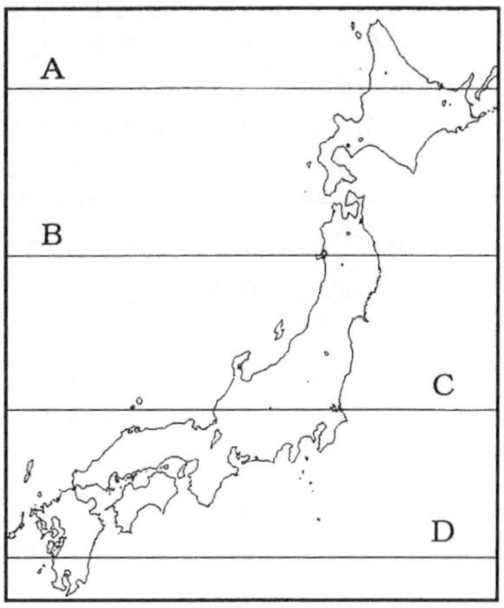

Ⅲ　2都市の月別平均気温と月別降水量

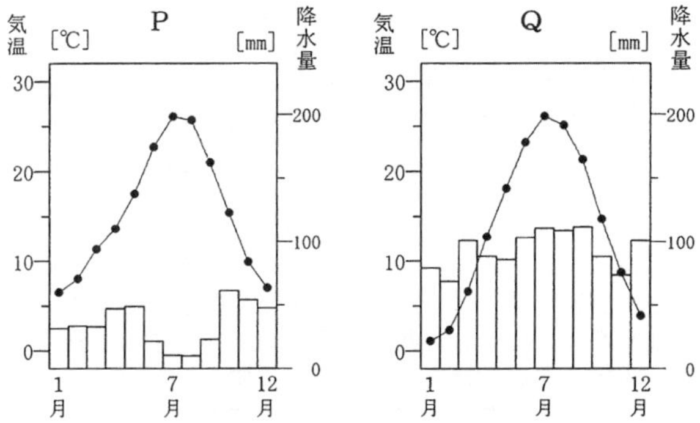

(「理科年表　2023」などをもとに作成)

Ⅳ　写真

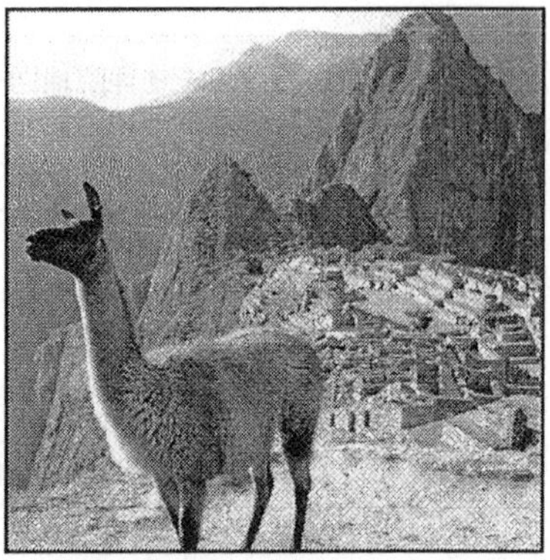

(1)　次の文章は、都市X、Yの気候について、生徒が作成したレポートの一部である。文章中の(　①　)、(　②　)にあてはまる符号の組み合わせとして最も適当なものを、下の**ア**から**ク**までの中から選びなさい。

> Ⅰの略地図中の都市Xの気温と降水量を示したグラフは、Ⅲのグラフのうちの(　①　)です。また、Ⅰの略地図中の緯線Zは、Ⅱの略地図中の(　②　)と同じ緯度を示しています。

ア　①：P　②：A	**イ**　①：P　②：B	**ウ**　①：P　②：C
エ　①：P　②：D	**オ**　①：Q　②：A	**カ**　①：Q　②：B
キ　①：Q　②：C	**ク**　①：Q　②：D	

(2) 次の**ア**、**イ**、**ウ**は、Ⅰの略地図中のａ、ｂ、ｃのいずれかの地形断面図である。ａとｃの地形断面図として最も適当なものを、次の**ア**から**ウ**までの中からそれぞれ選びなさい。

ア

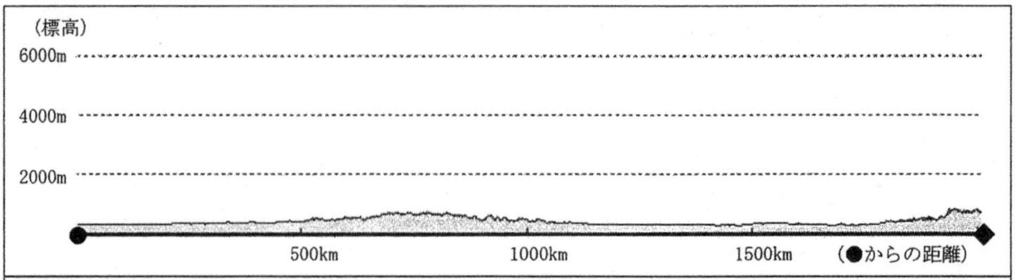

イ

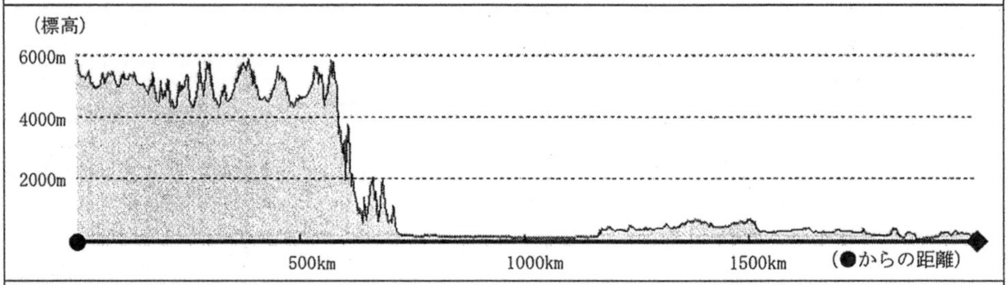

ウ

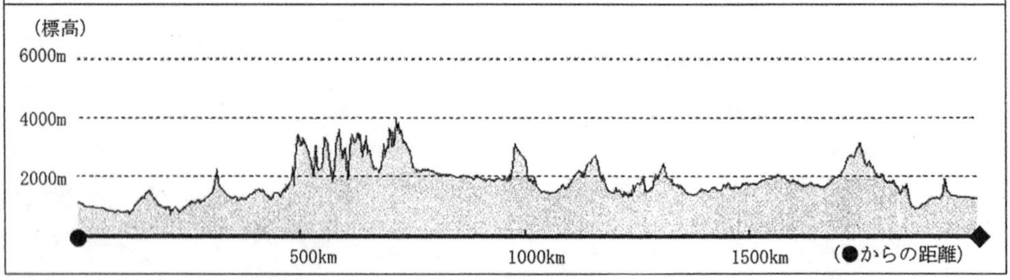

(3) 次の表は、生徒がイギリス、韓国、タイ、バングラデシュ、ペルーおよび日本の首都の人口等をまとめたものである。また、下の文は、日本以外の５国のうちのいずれかのようすを説明するために作成したメモの一部である。この文で説明されている国として最も適当なものを、表中の**ア**から**オ**までの中から選びなさい。

国名	首都の人口 (千人)	首都の 年平均気温 (℃)	首都と北極点の およその距離 (km)	国内の第一次 産業従事者割合 (%)	国内で最も信者 が多い宗教
ア	8 787	11.8	4 300	1.0	キリスト教
イ	8 795	29.1	8 500	31.4	仏教
ウ	8 906	25.8	7 250	37.9	イスラム教
日本	9 092	15.8	6 050	3.2	神道
エ	9 814	12.9	5 850	5.4	キリスト教
オ	10 039	19.6	11 350	33.7	キリスト教

(「データブック　オブ・ザ・ワールド　2023年版」などをもとに作成)

国土の中の標高の高い地域では、木が少なく、ジャガイモなどの栽培や、Ⅳの写真に写っている家畜などの放牧を行っています。

5　次のⅠからⅣまでの資料は、生徒が消費生活についてのレポートを作成するために用意したものの一部である。あとの(1)から(4)までの問いに答えなさい。

なお、Ⅲ、Ⅳの表中のＰ、Ｑ、Ｒは、それぞれ同じ業種があてはまり、個人経営の飲食店、コンビニエンスストア、ホテルのいずれかである。

Ⅰ　消費者物価指数の前年比

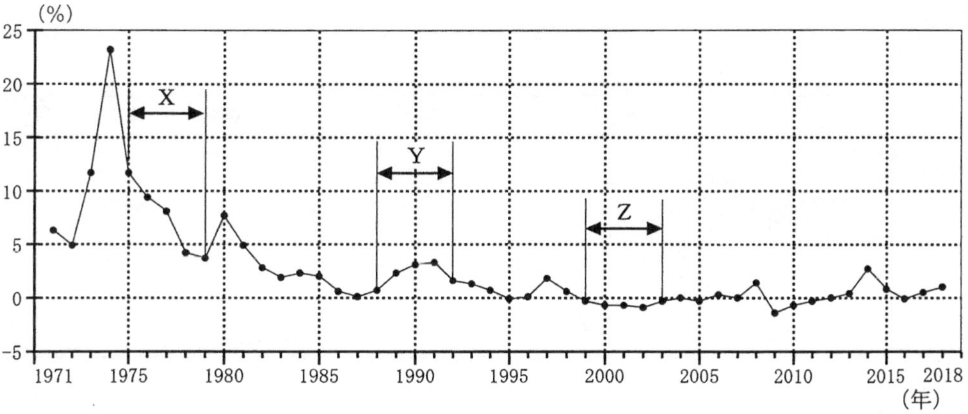

（「数字でみる　日本の100年　改訂第７版」をもとに作成）

Ⅱ　おもな販売購入形態別の消費生活相談に占める高齢者の年齢区分別の割合等

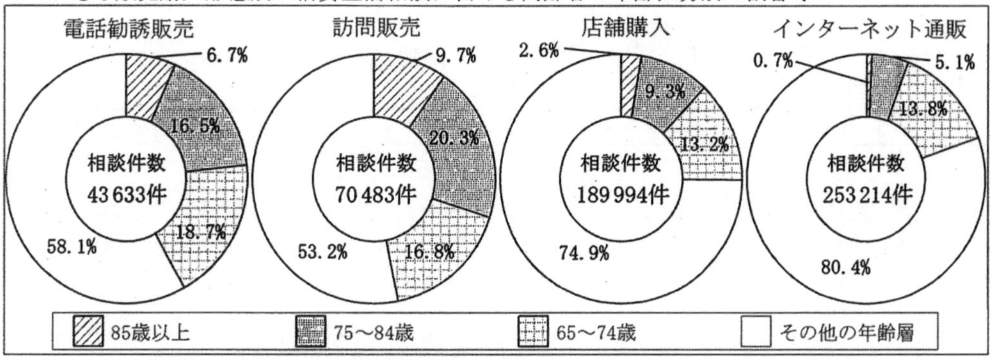

（注）その他の年齢層には、不明・無回答を含む。

（消費者庁「令和５年版　消費者白書」をもとに作成）

Ⅲ　業種別でキャッシュレス決済が利用可能かのイメージを回答した人数の割合（%）

イメージ＼業種	P	Q	R
必ず使える	4	57	38
まあ使える	15	24	27
どちらともいえない	42	15	26
やや使える	29	2	4
全く使えない	10	3	4

Ⅳ　業種別で最もよく使う支払い手段と回答した人数の割合（%）

支払い手段＼業種	P	Q	R
クレジットカード	16	19	65
電子マネー	2	15	1
コード決済	7	28	4
現金	73	35	27
その他	2	3	3

（注１）キャッシュレス決済とは、紙幣や硬貨などの現金を使用せずにお金を支払うこと。例えば、クレジットカード、電子マネー、コード決済（スマートフォン決済）などを利用する場合がある。

（注２）四捨五入の関係で、合計が100にならない場合がある。

（Ⅲ、Ⅳともに経済産業省「消費者実態調査の分析結果（2023年）」をもとに作成）

(1) 次の文章は、Ⅰのグラフについての生徒と先生の会話の一部である。文章中の（　①　）、（　②　）にあてはまることばや符号として最も適当なものを、下の**ア**から**カ**までの中からそれぞれ選びなさい。

先生：最近、物価の上昇が話題になっていますが、消費者物価指数の前年比の高低についてまとめたⅠのグラフを見てみましょう。1974年はどうしてこんなに高い値なのでしょうか。 生徒：これは（　①　）の影響だと思います。 先生：そのとおりです。また、このグラフには物価が下がり続けている期間もありますね。 生徒：例えば（　②　）の期間ですね。 先生：そのとおりです。この期間には、ある全国チェーンのハンバーガーショップでハンバーガーが税抜き59円で販売された時もあり、話題になりました。

ア　朝鮮戦争　　**イ**　石油危機　　**ウ**　東京オリンピック開催
エ　X　　**オ**　Y　　**カ**　Z

(2) Ⅱの資料から読み取ることができる内容をまとめた文として正しいものを、次の**ア**から**エ**までの中から一つ選びなさい。

ア　すべての販売購入形態において、「65～74歳」、「75～84歳」、「85歳以上」と年齢層が上がるにつれ、相談件数の割合は低くなっている。

イ　「訪問販売」と「インターネット通販」とを比較すると、「65～74歳」の相談件数の割合が高いのは、「インターネット通販」である。

ウ　「75～84歳」の相談件数の割合が最も高いのは「訪問販売」であるが、この年齢層の「訪問販売」における相談件数は、「電話勧誘販売」より少ない。

エ　「その他の年齢層」において、すべての販売購入形態の中で「インターネット通販」の相談件数が最も多くなっている。

(3) 次の文章は、消費者問題について生徒が発表した際のメモの一部である。文章中の（　③　）、（　④　）にあてはまることばの組み合わせとして最も適当なものを、下の**ア**から**エ**までの中から選びなさい。

私たちの消費生活は、契約によって成り立っています。例えば、売買の契約は（　③　）時点で成立し、売る側と買う側ともに権利と義務が発生します。また、買う側である消費者を守るために、製造物責任法（ＰＬ法）が制定されました。この法律では、（　④　）場合の生産者の責任について定められています。

ア　③：お互いが合意した　　④：製品の欠陥によって消費者が損害をこうむった
イ　③：お互いが合意した　　④：強引なセールスによって契約が行われた
ウ　③：一方がその意思を表示した　　④：製品の欠陥によって消費者が損害をこうむった
エ　③：一方がその意思を表示した　　④：強引なセールスによって契約が行われた

(4) 次の文章は、Ⅲ、Ⅳの表をもとに生徒が発表した際のメモの一部である。文章中の（　⑤　）にあてはまることばとして最も適当なものを、下の**ア**から**エ**までの中から選びなさい。

「個人経営の飲食店」は、他の２つの業種と比べてキャッシュレス決済が使えないというイメージをもつ人と、現金を最もよく使うと回答した人の割合が高い。「コンビニエンスストア」については、「ホテル」に比べて、キャッシュレス決済を「必ず使える」というイメージをもつ人の割合が高いが、支払い手段として（　⑤　）を最もよく使うと回答した人の割合は、「ホテル」より低い。

ア　クレジットカード　　**イ**　電子マネー　　**ウ**　コード決済　　**エ**　現金

6　国民の権利に関するあとの(1)から(3)までの問いに答えなさい。

法の支配とは、（　①　）ことで国民の自由や権利を守ろうとする考え方です。
日本国憲法は、国民の権利を保障する国の基本法です。そのため、憲法の改正にあたっては、各議院の（　②　）の３分の２以上の賛成で国会が憲法改正を発議し、満（　③　）歳以上の国民による国民投票において、有効投票の過半数の賛成を得なければならないという厳しい条件がつけられています。

(1) 文章中の（　①　）、（　②　）、（　③　）にあてはまることばの組み合わせとして最も適当なものを、次の**ア**から**ク**までの中から選びなさい。

ア	①：国家に立法権をゆだねる	②：総議員	③：18
イ	①：国家に立法権をゆだねる	②：総議員	③：20
ウ	①：国家に立法権をゆだねる	②：出席議員	③：18
エ	①：国家に立法権をゆだねる	②：出席議員	③：20
オ	①：権力を法で制限する	②：総議員	③：18
カ	①：権力を法で制限する	②：総議員	③：20
キ	①：権力を法で制限する	②：出席議員	③：18
ク	①：権力を法で制限する	②：出席議員	③：20

(2) 次のA、Bのカードは、基本的人権に関して争った二つの裁判の結果について生徒がまとめたものである。それぞれの裁判で、守られるべきであると判断された権利は何か。カードと守られるべきであると判断された権利の組み合わせとして最も適当なものを、下の**ア**から**エ**までの中から選びなさい。

A

女性のみ離婚後６か月たたないと再婚できないと定めた民法の規定について、裁判所は憲法に違反すると判断した。

B

小説のモデルとなった人物が、名誉を侵害されたと訴えたことに対し、裁判所は出版差し止めを命じた。

ア　A：社会権　B：自由権
イ　A：社会権　B：プライバシーの権利
ウ　A：平等権　B：自由権
エ　A：平等権　B：プライバシーの権利

(3) 基本的人権に関する法律について述べた文として誤っているものを、次の**ア**から**エ**までの中から一つ選びなさい。

ア　男女雇用機会均等法は、労働者の募集および採用について、その性別にかかわりなく、均等な機会を与えなければならないと定めている。
イ　教育基本法は、すべて国民は、ひとしく、その能力に応じた教育を受ける機会が与えられなければならないと定めている。
ウ　情報公開法は、「知る権利」を守るために、行政機関に対して原則として情報公開を義務づけている。
エ　公害対策基本法は、大規模な開発を行う場合には、自然にどのような影響があるかを調査する環境アセスメントの実施を義務づけている。

（問題はこれで終わりです。）

2 次の(1)から(3)までの問いに答えなさい。

(1) 数字２、３、４、５、６、７を書いたカードが１枚ずつある。この６枚のカードをよくきって、１枚ずつ２回続けて取り出す。１回目に取り出したカードに書かれている数を a とし、２回目に取り出したカードに書かれている数を b とする。

このとき、次の①から⑤までのことがらのうち、起こる確率が等しいことがらの組み合わせとして正しいものを、下の**ア**から**コ**までの中から一つ選びなさい。

① $a+b$ が偶数　　② $a-b$ が正の数　　③ ab が奇数

④ a が b の約数　　⑤ a と b がともに素数

ア ①、②　　**イ** ①、③　　**ウ** ①、④　　**エ** ①、⑤　　**オ** ②、③

カ ②、④　　**キ** ②、⑤　　**ク** ③、④　　**ケ** ③、⑤　　**コ** ④、⑤

(2) 図で、Oは原点、A、Bは関数 $y=ax^2$（a は定数、$a>0$）のグラフ上の点で、x 座標はそれぞれ２、-3 である。

また、Cは y 軸上の点で、y 座標は $\frac{21}{2}$ であり、Dは線分ＢＡと y 軸との交点である。

△ＣＢＤの面積が△ＤＯＡの面積の２倍であるとき、a の値として正しいものを、次の**ア**から**オ**までの中から一つ選びなさい。

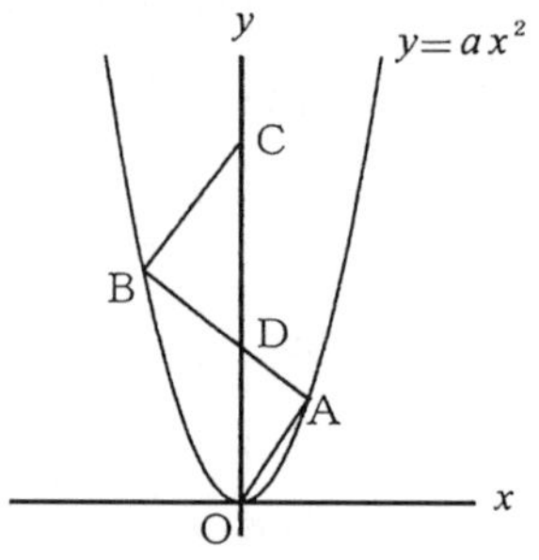

ア $a=\frac{7}{12}$　　**イ** $a=\frac{7}{10}$　　**ウ** $a=\frac{3}{4}$　　**エ** $a=\frac{7}{9}$　　**オ** $a=\frac{7}{8}$

(3)　Ａ地点からＢ地点までは直線の道で結ばれており、その距離は600 ｍである。

弟は、Ａ地点を出発し、Ａ地点とＢ地点の間を毎分120 ｍの速さで２往復走った。兄は、弟がＡ地点を出発した１分後にＡ地点を出発し、Ａ地点とＢ地点の間を一定の速さで３往復走ったところ、弟が走り終える１分前に走り終えた。

このとき、次の①、②の問いに答えなさい。

なお、下の図を必要に応じて使ってもよい。

①　弟がＡ地点を出発してから x 分後の、Ａ地点と弟の間の距離を y ｍとするとき、$x=6$ のときの y の値として正しいものを、次の**ア**から**カ**までの中から一つ選びなさい。

ア　$y=0$　　**イ**　$y=120$　　**ウ**　$y=240$

エ　$y=360$　　**オ**　$y=480$　　**カ**　$y=600$

②　兄がＡ地点を出発してから走り終えるまでに、兄と弟がすれ違うのは何回か、次の**ア**から**カ**までの中から一つ選びなさい。

ただし、兄が弟を追い抜く場合は含めないものとする。

ア　３回　　**イ**　４回　　**ウ**　５回

エ　６回　　**オ**　７回　　**カ**　８回

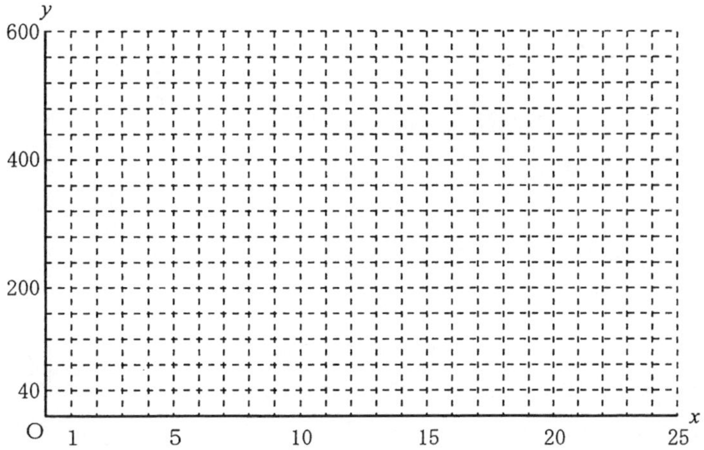

3　次の(1)から(3)までの文章中の $\boxed{\text{アイ}}$ などに入る数字をそれぞれ答えなさい。

解答方法については、表紙の裏にある**【解答上の注意】**に従うこと。

ただし、分数は、それ以上約分できない形で、また、根号の中は、最も簡単な数で答えること。

(1)　図で、△ＡＢＣはＡＢ＝ＡＣの二等辺三角形、Ｄは辺ＡＣ上の点で、ＡＣ⊥ＤＢである。また、Ｅは直線ＤＢ上の点、Ｆは点Ｅを通り、直線ＢＣに平行な直線と辺ＡＢとの交点である。

∠ＦＥＢ＝21°のとき、∠ＡＢＤの大きさは $\boxed{\text{アイ}}$ 度である。

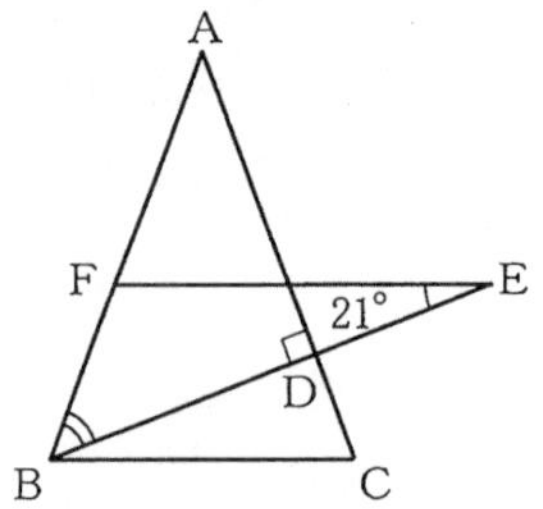

(2)　図で、四角形ＡＢＣＤは正方形、Ｅは辺ＤＣの中点、Ｆは線分ＥＢの中点、Ｇは辺ＡＤ上の点で、∠ＧＡＦ＝∠ＧＦＥである。また、Ｈは線分ＥＢ上の点で、∠ＧＨＥ＝90°である。

ＡＢ＝４cmのとき、

①　線分ＥＦの長さは $\sqrt{\boxed{\text{ア}}}$ cmである。

②　線分ＨＦの長さは線分ＥＢの長さの $\dfrac{\boxed{\text{イ}}}{\boxed{\text{ウ}}}$ 倍である。

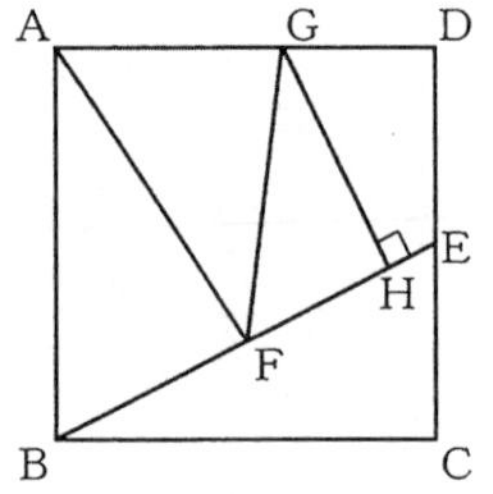

(3)　図で、ＣはＡＢを直径とする半円Ｏの周上の点で、ＣＡ＝ＣＢであり、Ｄは弧ＣＢ上の点で、ＤＡ：ＤＢ＝３：１である。また、Ｅは線分ＣＢとＤＡとの交点である。

ＣＡ＝６cmのとき、

①　△ＤＡＢの面積は $\dfrac{\boxed{\text{アイ}}}{\boxed{\text{ウ}}}$ cm^2である。

②　△ＥＡＢを、線分ＡＢを回転の軸として１回転させてできる立体の体積は $\boxed{\text{エ}}\sqrt{\boxed{\text{オ}}}\pi$ cm^3 である。

ただし、πは円周率である。

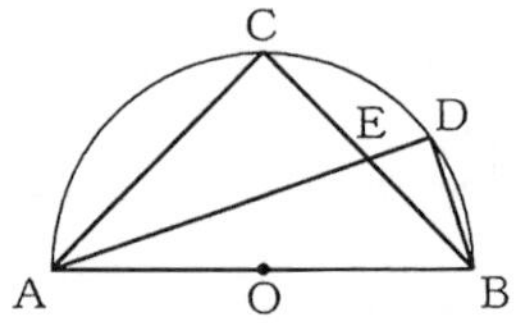

（問題はこれで終わりです。）